AF188757

Sex mit Gefühl

Buchbeschreibung:

Hinter diesem Buch stand für mich die Idee, das Aufklärungsbuch zu schreiben, das ich selbst mit 17 Jahren verzweifelt gesucht hatte. Mein eigenes Sexualleben war von „trial & error" sowie von „learning by doing" geprägt, und so geht es auch heute noch den meisten Jugendlichen und jungen Männern. Es gibt ein paar gute Bücher über die männliche Sexualität, aber kein einziges Aufklärungsbuch für 16- bis 20-jährige Heterosexuelle. Obwohl (oder weil?) Sex die natürlichste Sache der Welt ist, bekommt man sie von niemandem erklärt. Dabei gibt es nirgendwo so viele Missverständnisse, die einem besonders in jungen Jahren das Leben schwer machen. Ich habe seit 1983 an diesem Buch geschrieben, nachdem mir ein Orgasmus geschenkt wurde, der meinen ganzen Körper ergriff und meinen Kopf ausschaltete.

Über den Autor:

Roberto Tempesta geboren in der frühen 1960er Jahren in Bochum. Bereits sein Ur-Ur-Großvater verschlug es vom Piemont in den Norden. Vom Bau des Gotthard-Eisenbahntunnel wanderte er weiter bis zur Zeche Westphalia nach Dortmund …

Es ist ein Pseudonym, um die lebenden Personen zu schützen.

Danksagung:

Danke für Deine Unterstützung Anne West (auch ein Pseudonym).

Sex mit Gefühl

DER ETWAS ANDERE SEXRATGEBER FÜR JUNGE MÄNNER

DAS AUFKLÄRUNGSBUCH FÜR ALLE, DIE MEHR WOLLEN ALS PORNO

VON ROBERTO TEMPESTA

1. Auflage, 2018
© Roberto Tempesta – alle Rechte vorbehalten.

Kontakt: tempesta@sexmitgefuehl.de

Bibliografische Information der Deutschen Nationalbibliothek:
Die Deutsche Nationalbibliothek verzeichnet diese Publikation
in der Deutschen Nationalbibliografie; detaillierte bibliografische Daten sind im Internet über http://dnb.dnb.de abrufbar.

Lektorat: Martina Takacs, Freie Lektorin ADB
Cover-Gestaltung: engel und agenten | Bochum
Cover-Foto: Mr. Nico / photocase.de

Herstellung und Verlag: BoD – Books on Demand, Norderstedt
ISBN: 978-3-7481-9969-4

Inhaltsverzeichnis:

01 Vorwort

Warum der Titel „Sex mit Gefühl" Herausgeber und andere Menschen vom Fach warnten mich vor dieser Schlagzeile. Ich verbinde die Inhalte des Buches mit dem großgeschriebenen Wort GEFÜHL. Es kommt auf das an, was in dir schlummert, um aus Sex sehr guten Sex zu machen. Das GEFÜHL ist auf gar keinen Fall das Härter-Werden deines Schwanzes. Das nennt sich Geilheit.

Um Zugang zu deiner Sexualität zu finden, brauchst du dieses innere GEFÜHL. Ohne das Gespür für dich selbst hast du wenig Entwicklungsmöglichkeiten, um zu deiner eigenen Lust zu kommen. Du kannst onanieren, bis der Arzt kommt. Du kannst rammeln wie ein Weltmeister. Ist das gelebte Lust, die dich auf Dauer befriedigt? Wenn du in dich hineinhorchst, wirst du spüren, dass da ein Wollen, ein Wünschen tief in dir verankert ist. Wenn du deine Ruhe, deinen inneren Frieden erreichst, dann hast du eine echte Chance, ein gutes, lustvolles, ausgeprägtes Sexualleben zu genießen und nicht nur dieses Rein und Raus und Abspritzen, das dir die Pornoindustrie als Halleluja in deine Großhirnrinde eingemeißelt hat. Rammeln ist kein Lustgewinn.

Dieses Buch soll dir bei der Beantwortung einiger Fragen helfen. Verwicklungen mit meiner Sexualität hatte ich zuhauf und habe ich immer noch ein wenig. Die Aufklärungsbücher, die ich in die Finger bekam, waren entweder sehr wissenschaftlich oder trugen ihre Bezeichnung zu Unrecht.

Genießen zu können, lässt sich (wieder-)erlernen, wenn Mann in der Lage ist, sich auf die Frau einzustellen und sich selbst dabei nicht zu vergessen. Es gibt keine

Zwangsbeglückung, denn Lust unterliegt dem Nehmen-und-geben-Prinzip. Wenn du beispielsweise mit Pseudo-Hingabe ihre Klitoris bearbeitest, nach ihrem Orgasmus fieberst, dich ausschließlich auf ihre Reaktionen konzentrierst und ihre Lust – sei es nun Bluff oder die zarte Wirklichkeit – als Applaus für dein Können interpretierst, dann hast du dich selbst zum Werkzeug degradiert. Nur die Lust, die du selbst beim Sex empfindest, kann von deiner Geliebten ohne Schranken angenommen werden.

Ich möchte ein Buch über GEFÜHLE schreiben. Im Grunde genommen reicht nur der eine Satz: „Mache grundsätzlich nur das, was dir und der Frau Spaß macht, und tue es nur dann, wenn ihr beide wirklich Lust habt."
Du wirst in Sachen Sex in dieser Gesellschaft auf eine harte Probe gestellt. Es ist die „natürlichste Sache der Welt", die dir keiner erklärt, im Grunde genommen auch keiner erklären kann. Richtig gelesen! Du musst deine Sexualität für dich finden, indem du ausprobierst und übst. Erforsche deine Vorlieben, deinen und ihren Körper.

02 Gedanken zur Zeit

„Nicht, weil es schwer ist, wagen wir es nicht, sondern weil wir es nicht wagen, ist es schwer." – „Wer überall ist, ist nirgendwo." – „Die Zeit wird kommen, wo unsere Nachkommen sich wundern, dass wir so offenbare Dinge nicht gewusst haben." Seneca war einer der meistgelesenen römischen Schriftsteller seiner Zeit. Er wurde im Jahr 4 vor Christus geboren und starb mit 69 Jahren, also vor etwa 1952 Jahren. Es gibt Wahrheiten, die bleiben.

Im Außen verändert sich viel. Manchmal rasant. Die Menschheit kann sich mit Autos schneller fortbewegen. Durch das Mobiltelefon und das Internet ist Kommunikation technisch gesehen einfacher geworden. Die Missverständnisse haben neue Plattformen aufgespürt.

Ich habe seit 1983 an diesem Buch geschrieben. Da war ich 21 Jahre jung. Zum ersten Mal fertiggestellt war es Mitte der 1980er-Jahre, und es gab erfolgversprechende Reaktionen von Verlagen, aber gedruckt wurde es nicht. Es ist ein sehr autobiografisches Buch, weil ich viele Fragen hatte, die mir die sogenannten Aufklärungsbücher nicht beantworten konnten (oder wollten). Ich habe selbst Antworten gefunden, die ich Jahre später teilweise durch Fachliteratur bestätigt bekam.

Worauf ich mich hier einlasse, wenn ich mein Sexualleben in dieser Art nach außen kehre, weiß ich auch nicht, aber es wird Zeit, es zu tun. Viele Themen schneide ich nur an, weil es den Rahmen oder das Ziel des Buches sprengen würde, all meine weiterführenden Gedanken zu Papier zu bringen.

Das Thema AIDS ist wichtig, aber die notwendigsten Infos müssen reichen, weil diverse Gruppen im Internet und die „Bundeszentrale für gesundheitliche Aufklärung" ihren Job gut machen. Sexuelle Perversionen oder die BDSM-Szene sind spannend, aber darüber sollen Männer und Frauen schreiben, die sich damit auskennen und Spaß daran haben oder hatten. Erkrankungen gibt es zuhauf, aber ich bin kein Arzt. Schwanz- und Mösengrößen werden deklariert in Größeneinheiten wie A350 und BNsal-24H, was der angebliche Ideal-Typus ist. Wen interessiert das? Gebt BNsal-24H ins Web ein und ihr werdet fündig.

Ich will grob über das große Thema Sexualität berichten und ganz konkret werden, wenn es darum geht, wenn Möse und Schwanz zusammenwirken. Stimmt, da fällt mir ein, dass dies kein Schwulenbuch ist. Ich bin hetero und habe letztendlich keine Ahnung, was bei Schwulen abgeht und was nicht. Ich habe schwule Freunde, aber ich habe auch gute Freundinnen, die malen können, und dadurch werde ich auch nicht automatisch zum Kunstkenner.

Da ich beim Sex nicht alles erlebt habe und vieles nicht erleben will oder aus anderen Gründen nicht erleben werde, wird auch dieses Buch unvollendet bleiben. Das Leben ist voller Entwicklungen … Weiter so!

Dies ist die überarbeitete Urfassung von 1990 – geschrieben von einem jungen Mann, der die Zeilen zwischen seinem 21. und 28. Lebensjahr schrieb. Es mag sich viel geändert haben, aber nicht der Sex, der Orgasmus und das Gefühlsleben. In diesem Sinne – taucht mit mir in die Vergangenheit ein, die zugleich auch Zukunft ist.

03 Kindheit ade

Sommer 1969: Woodstock, die erste Mondlandung, Gerd Müller, Fußballer, und Eddy Merckx, Weltsportler des Jahres. Willy Brandt wurde Bundeskanzler und ich war 7 Lebensjahre jung und stieg aus meiner Kindheit aus.

Was für ein grandioser Ort! Hinter dem Planschbecken lag ich unter der Holztreppe versteckt. Marina, die beste Freundin meiner älteren Schwester, gesellte sich zu mir. Ich fand das voll doof, weil sie kein eigenes Versteck gefunden hatte. Sie robbte an mich heran, nahm meinen Kopf, drehte mein Gesicht zu sich und küsste meine Stirn, meine Wange, meinen Mund! Dann sprang sie auf und lief davon. Ich blieb liegen – noch eine ganze Weile.

Ja, es war geheimnisvoll, prickelnd, grenzüberschreitend, feucht und ruckartig und zu schnell vorbei. Es war der erste Kuss einer „Frau", kein Tantenkuss, kein Mutterkuss. Es gab keine Wiederholung, kein klärendes Gespräch.

04 Das große Missverständnis

In welchem Elternhaus bist du aufgewachsen? Gehen deine Eltern offen mit Nacktheit um? Oder weißt du gar nicht, wie deine Eltern nackt aussehen? Wie lange hast du körperliche Nähe im positiven Sinn mit deinen Eltern erlebt? Oder ist da eher eine Kälte, eine Distanz zwischen euch? Wann haben dich deine Eltern zum letzten Mal richtig herzlich umarmt, zu dir gesagt, „Schön, dass du mein Kind, mein Sohn, meine Tochter bist"? Hoffentlich geht es dir da besser als mir.

Meine Eltern sind mit sehr wenig körperlicher Nähe aufgewachsen. Meine Mutter wurde kurz vor dem Zweiten Weltkrieg im November 1938 als achtes Kind geboren. In den Kriegswirren wurde sie häufig zu ihrer bereits verheirateten Schwester ins Siegerland abgeschoben. Ihr Bruder war der Einzige, der ihr Zuneigung zeigte. Er wurde 1945 als Soldat in Italien erschossen. Die Gefühlskälte, die sie erleben musste, übertrug sie auf mich und meine Schwestern. Kinder leiden im Krieg. Es muss nicht die Tellermine sein, die das Bein wegsprengt.

Alles, was wir in den ersten fünf Lebensjahren nicht selbst erfahren, übertragen wir auch nicht instinktiv weiter, sondern nur, wenn wir sehr aufmerksam durchs Leben gehen, uns erinnern und unser Handeln bewusst steuern.

Erst nach neun Generationen hat eine Zivilbevölkerung einen Krieg verdaut – nach 225 Jahren.

Der Vater meines Vaters war ein Patriarch. Sein Hobby war das Boxen. Mein Vater hat mich in seinem Leben nicht ein einziges Mal von sich aus in den Arm genommen. Als ich seine Nähe mit 13 Jahren suchte, ihn umarmen wollte, stieß er mich weg und sagte: „Ich bin nicht schwul." Das war's.

Ich bin damit aufgewachsen, dass körperliche Nähe gleichzusetzen ist mit Sexualität. Anders kannte ich es nicht.

Ich hatte nur so ein Gefühl, dass da etwas fehlte, konnte es jedoch nicht beschreiben. Es war ein diffuser Wunsch nach Nähe, den ich in mir spürte. Ich ahnte, dass es Berührung ohne Sexualität gab, die nicht auf Geilheit beruhte. Das war so etwas Instinktives.

Als Ersatz für körperliche Nähe haben wir sonntagmorgens im Bett gerauft, alle Kinder gegen Papa, bis einer von uns dreien heulte, weil in dem Durcheinander immer irgendwas passierte. Einmal hat mich mein Vater mit zu viel Wucht vor die Bettkante geschleudert – keine Absicht. Er tröstete mich, während ich schrie, meine Mutter kam, und mein Vater ließ mich los und trollte sich mit schlechtem Gewissen. Zu viel Schmerz und Aufwand hatte seine wunderbare Fürsorge gekostet, als dass ich sie hätte wiedererleben wollen.

Doch habe ich beobachtet, was für eine herzliche Körperlichkeit mein Vater im Spiel mit meiner jüngeren Schwester Elena zelebrieren konnte. Er spielte Balu, den Bären, und sie Mogli. Elena saß auf seinem Schoß, und sie sangen zusammen: „Versuch's mal mit Gemütlichkeit."

Ich stand als Steppke (6 Jahre) daneben und wünschte mir nichts sehnlicher, als das auch einmal zu erleben – Aber er war ja nicht schwul. Den kleinen Sohn zu berühren, das ging nicht – höchstens kurz zum Trösten. Passiv erlebte ich Berührung, sah, dass und wie sie erfolgt, aber habe sie eben nicht selbst erlebt, nicht gespürt. Ich bin nicht berührt worden. Nicht umarmt worden. Diese spielerische Körperlichkeit habe ich nur beobachten können. Ich fürchte, viele Jungen erleben nur wenige Berührungen. Wie sollen junge Väter etwas zeigen und vorleben, was sie nicht von ihrem Papa gelernt haben?

Mausgraue Mittagsdämmerung, meterhohe Schneeverwehungen bei minus sechs Grad Celsius. Der Wind pfiff kräftig durch die Ritzen, und die anderen tollten längst miteinander im Schnee. Ich lag allein im Raum mit den Etagenbetten. Nur Fieber war es, nichts Ansteckendes, weswegen ich das Bett hüten musste. Kein Buch, kein Comic, keine Musik. Einfach nur eintönige Leere um mich, und dann …

… kam sie.

Ihr Kopf schob sich durch den Türspalt – hübsch, brünett. Sie lächelte, und ich fragte nicht, was sie wollte, freute mich einfach. Margherita. Sie schlüpfte wie eine Katze hinter mich unter meine Decke und nahm mich von hinten in die Arme.

Ich spürte, wie meine Körperstarre langsam wich, fühlte mich gut, angenommen, nicht mehr allein. Ich war vier Jahre jung und sie, siebzehn Jahre älter. Später, mit zwanzig, sah ich eines Tages ein Foto von ihr, sah, wie hübsch sie gewesen war – damals. Ich wollte gern wieder ins Allgäu, um ein paar Stunden im Bett mit ihr zu verbringen.

Jahrelang habe ich diese kleine Geschichte erzählt, wenn ich nach der ersten Erinnerung an Sexualität gefragt wurde. Wie kann ein Mann sich doch irren. Später wurde mir bewusst, dass diese Begegnung mit Margherita nichts, aber rein gar nichts mit Sexualität zu tun hatte. Mein Elternhaus war dermaßen körperfeindlich gewesen, dass ich Berührung und Sexualität miteinander verwechselt hatte – über Jahre hinweg. Damals, als ich mit vier Jahren krank im Bett gelegen hatte, hatte ich die Situation sofort richtig verstanden. Margherita hatte mich gehalten, damit ich mich nicht einsam fühlte. Mehr nicht. Und doch war es so viel gewesen. Dieses Gefühl war mir unbekannt gewesen, denn ich war ja nie von meinen Eltern in den Arm genommen worden. Zumindest ihre Enkelkinder konnte meine Mutter umarmen.

05 Von der Zicke zur Traumfrau – die Entdeckung der Mädels

Es war Sommer, und ich war 13 ¾ Jahre alt. Es waren die 1970er-Jahre, als ich zum ersten Mal von den Beatles hörte, als es sie schon gar nicht mehr gab. Meine Kumpels sprachen von den Bay City Rollers, und ich nickte nur, weil ich nichts verstand. In unserer Wohnung gab es nur ein Radio, das im Wohnzimmer stand. Es war so eines mit Drehknopf und einem Lautsprecher links.

Eine Woche zuvor hatte ich noch friedlich Fußball gespielt, und am Vortag war ich mit meinen Kumpels von einer Klassenfahrt zurückgekommen. Eine Jungenklasse. Wir waren richtig gut drauf, fühlten uns stark. Wir kannten diese andere Urkraft der Mädels noch nicht. Wir empfanden uns als unschlagbar als Männer, so unantastbar, weil wir aus dem Gröbsten raus waren. An die Windeln konnten wir uns genauso wenig erinnern wie an die Volksschule, und die Zeit war reif, Neues zu erkunden.

Die beste Zeitspanne unserer Männerfreundschaft ging ihrem Ende zu. Bis zu diesem Tag hatte nichts zwischen uns gestanden, außer manchmal einem Ball, um den wir kämpften, uns gegenseitig blaue Schienbeine verpassten, aber wir hielten zusammen, kannten kaum Konkurrenz untereinander, und die Hormone spielten noch nicht verrückt.

Ich gehörte zum letzten Jahrgang mit einer reinen Jungenstufe. Ich vermisste die Mädels in der Schule nicht. Schließlich begleiteten mich zwei Schwestern durch mein Leben, und ich lernte zu Hause den natürlichen Umgang mit dem anderen Geschlecht. Es gibt Schlimmeres, zum Beispiel keine Geschwister oder fünf ältere Brüder zu haben. Ich bin der Sandwich-Bube. Meine ältere Schwester Ulrica ist schlau auf die Welt gekommen und war immer mindestens zweieinhalb Jahre schlauer als ich. Und sie sieht es immer noch so.

Außerdem gab es neben unserem Gymnasium die Heinrich-von-Kleist-Schule mit Mädels zuhauf, denen ich im Bus, auf dem Schulweg und später in der differenzierten Oberstufe begegnete.

Es war Sommer, und wir fuhren mit dem Schulbus nach Hause. An der Herzogallee stiegen Lotte, Sabine, Veronika, Elke und ich aus. Das war überhaupt nichts Außergewöhnliches, weil es so alltäglich war, aber dieses Mal war es dennoch anders. Dieses Mal bin ich nicht in unsere Einfahrt verschwunden und habe die Mädchen ziehen lassen, sondern ich bin weiter gegangen.

Lotte hatte Geburtstag, und durch ihr Gespräch wurde mir unmissverständlich klar gemacht, dass sie mich süß fanden. Instinktiv wusste ich, worum es ging, obwohl ich keine Ahnung hatte. Mein natürlicher Umgang mit dem anderen Geschlecht half mir zwar, aber es würde komplizierter werden. Jetzt kam alles zu plötzlich, als dass ich nervös hätte werden können. Außerdem wollten ja sie was von mir und nicht umgekehrt. Das Lampenfieber kam später.

Oben auf dem Hügel wurde dann ausgemacht, dass ich nachmittags zur Geburtstagsfeier kommen sollte. Ich war betäubt und wie im Rausch. Irgend so eine unfassbare Glückseligkeit, irgendwas Neues brach da in mir auf.

Ich holte mir Verstärkung.

Mein Klassenkamerad Thinny war ein hagerer, rotblonder Kerl, der die Sonne meiden musste. Wir hatten die Klassenfahrt gerade hinter uns und fühlten uns bombig. Wir trugen ein wunderbares Selbstbewusstsein vor uns her, das uns sexy machte. Wir strahlten diese Siegermentalität aus, das wirkte, denn ich wurde gleich von zwei Mädels angesprochen. Lotte erzählte was von einer Gartenfeier, und die blonde Sabine nickte begeistert im Takt. Ich war 13 ¾ Jahre alt, und ab diesem Tag sollte ALLES ganz anders werden.

„Die Frau" war plötzlich nicht mehr die mit den langen Haaren, die mir das Förmchen klaute, sondern ein Wesen, das von einem anderen Stern stammte. Es wäre zu banal gewesen, sie als Mensch zu betrachten. Sie war mehr Fee, Märchenprinzessin – ein Geschenk Gottes!

Für Lotte war es der letzte Kindergeburtstag. Thinny und ich tauchten auf der Feier auf, und die Mädels kreischten. Sogar die Mutter war begeistert.

In der Ferne dröhnten Motoren. Das Knattern eines Käfers hallte durch die Straße und kam unaufhaltsam näher. Mit anderen Worten: Zeit zu gehen – zu fliehen. Der strenge Vater nahte. Aber ich doch nicht! Der neue Star war geboren. Männer fliehen nicht, sie stehen zu ihren Taten. Während Lottes Papa die Treppen heraufkam, tänzelte ich nach unten.

Papa Lotte war richtig freundlich: „Oh, hallo. Ich bin der Herr P." – Und ich, obercool, streckte freundlich meine Hand aus: „Angenehm, T."
Zwei Worte, das war's. „Verbrannte Erde" Teil I.

Auf der Geburtstagsfeier lernte ich Maria und Gisa kennen. Ein paar Wochen später stand die wichtigste Entscheidung meines Lebens an. Ich musste mich zwischen zwei Gefühlen entscheiden: die dunkelblonde, liebliche Maria, die die Bodenständigkeit symbolisierte, oder die schöne Gisa, die das Feuer versprach? Maria war irgendwie netter, wohnte auch in der Nähe, aber Gisa sah verdammt gut aus. Nur, wie sollte ich an sie rankommen? Einfach anquatschen ging gar nicht, so viel Selbstbewusstsein hatte ich nicht. Ich fand heraus, dass sie bei Gisas Vater, der an der Uni Sportlehrer unterrichtete, Leichtathletik machten, und schnürte meine Turnschuhe. Ich hatte sogar Spaß am Sport und verbesserte meine Zeit für die 1.000 m um eine Minute im Laufe der Wochen. Mein Vater war mal Jugendmeister im Weitsprung gewesen, mit 6,55 m. Dieses Gen habe ich definitiv nicht von ihm geerbt.

Papa Gisa saß mit seinem fetten Bauch an der Sandgrube, und mein bester Sprung lag bei 2,80 m – dieser scheiß Balken! Du musst ihn treffen, aber wehe, wenn du übertrittst, dann gilt der beste Sprung nicht.

Ich hatte es mal wieder vergeigt. Der pädagogisch geschulte Jugendsporttrainer Papa Gisa: „Dir gelingt auch gar nichts!" – Ich: „Das würde ich nicht sagen. Fragen Sie mal Ihre Tochter!"

Der hochrote Kopf und der Schaum vor der Schnauze waren es wert. Leichtathletik ade, und „Verbrannte Erde" Teil II. Meine Leichtathletikkarriere war damit beendet. Ein hoffnungsvolles Talent für die Olympiade 1980 musste seine Koffer packen. Ich entschied mich für die weniger zickige Maria, und Jahre später erhielt ich den Beweis für meine kluge Entscheidung. Mein bester Freund Jochen durfte zwar auf Gisas hübsche Brüste starren, die durch die weiße Bluse schimmerten, aber mit Knutschen war nix, weil sie es unhygienisch fand. Vielleicht zeichnete sich damals schon ab, dass sie Apothekerin werden würde.

06 Party Time

Maria wurde die unschuldige Erfüllung meiner Jugend, meiner Pubertät. Ich entschied mich für die weniger Zickige, verliebte mich total und genoss den Langsamtanz (Blues) mit ausgestreckten Armen zu „I am sailing" im Garten.

Und dann …

Wochen später …

Beim Klammerblues zu „Samba pa ti" auf einer Party vergaß ich die Welt um uns herum. Wir bildeten eine Einheit, die niemals zerstört werden konnte, die auf ewig ihre Gültigkeit haben würde. Ich strahlte sie an und sie mich, unsere Körper aneinandergeschmiegt im Rhythmus der Musik. Sie ließ langsam ihre Hände über meine Schenkel gleiten. Feuer flammte in mir auf, und ich schrie nach mehr, immer mehr, und – wir küssten uns, erst zartfühlend und dann heftiger und leidenschaftlicher. Der Weltuntergang stand uns bevor, die Erde wankte. Sie bebte förmlich.

Die Musik war längst verstummt, da erwachte ich aus den Armen der Engel und wurde mir der Gegenwart gewahr. Es war so eine Art Orgasmus, aber drauf geschissen, weil ich mich danach gar nicht gesehnt hatte. Ich genoss es, basta, aus und wunderschön. Und von niemandem ließ ich mir da reinreden.

Ich habe keine Ahnung, ob mein Schwanz dabei hart wurde. Diese Innigkeit, dieses grandiose Gefühl, dieser Beginn meiner Sexualität waren wunderbar. Ich spreche einfach von dem fantastischen Moment, der noch lange danach in meiner Seele rumorte, der meinen Körper zum Überkochen brachte. Da wuchs etwas ganz langsam in mir, blieb eine Weile unangetastet und wurde später durch den Fleischwolf gedreht.

Dieser erste Kuss drückte das Tor zur Intimität auf. Da war so ein jungfräuliches GEFÜHL, das entdeckt werden wollte. Mein Wunsch nach Zärtlichkeit, mein aufstrebender Entdeckungs- geist, ihren Körper Zentimeter um Zentimeter zu erkunden. Ich verwöhnte sie, um das Leuchten in ihren Augen so lange wie möglich spüren zu dürfen. Mein Kopf war frei. In mir schlummerten keine Formen der Verführung, keine Handgriffe, um dieses oder jenes zu erreichen.

Ich ging zwar mit Maria, aber es gab da eine Kontaktsperre, die ihr Vater uns auferlegt hatte. Sie durfte nicht zu mir. Mein Zuhause war Sperrbezirk. Um ihren jungen, herzhaften Körper zu berühren, blieben nur die Feten, da Maria sich an die Gebote ihres Vaters hielt. Thinny veranstaltete eine der ersten Partys mit Liegewiesen hinter geschlossenen Rollläden, die gute Voraussetzungen für weitere Erkundungen boten.

Die ersten Brüste, die ich bewusst als Mann wahrnahm, waren wunderschön. Zierliche, rosa Knospen sprangen mich lieblich an und selbst zarte Küsse duldete sie im Halbdunkeln.

Draußen auf der Terrasse hörte ich dann die Fortschritte der Kollegen. Ich hielt mich zurück, denn ein Gentleman schweigt und genießt. Außerdem wollte ich dieses schöne, intime GEFÜHL nicht zur Schau stellen.

Die Partys ab 14 waren richtig geil. Meine Eltern hatten im Keller eine provisorische Bar gebaut, mit Theke,

Barhockern, Kühlschrank und Spüle. Im Raum davor lagen Matratzen an den Wänden, und in der Mitte gab es eine riesige Tanzfläche. Gedimmtes Licht und die richtige Mucke versprachen ein Eldorado für Experimente. Kein Wunder, dass ich in der Schule so beliebt war.

Alkohol spielte keine Rolle. Marihuana, Dope oder Bier drängten sich erst Jahre später in den Vordergrund, als ich 16, 17 Jahre alt war. Später merkte ich, dass es ein Glück war. Meine drei Jahre jüngere Schwester musste so manche Alkoholleiche entsorgen. Von den Exzessen von heute ganz zu schweigen.

07 Väter pubertierender Töchter
(Nachlese zu „Verbrannte Erde" Teil I und II)

Ich durfte Marias Zuhause nur ein paar Mal betreten. An einem Sonntag stand ihr Vater auch bereits nach zehn Minuten mit irgendeiner fadenscheinigen Begründung in ihrem Zimmer. „Sitzt meine Krawatte korrekt?". Wenige Minuten später bekam ich Hausverbot, und es wurde sogar eine Bannmeile ausgesprochen, die Maria nicht überschreiten durfte. Er hat diese Bannmeile mit dem Auto kontrolliert. Einmal erwischte er uns. Wir plauderten tatsächlich auf dieser imaginären Grenze, und sie bekam tierischen Ärger.

Jahre später habe ich erfahren, was der ganze Zirkus sollte. Die Väter von Lotte, Gisa und Maria spielten miteinander Faustball, und ich war ihr „Staatsfeind Nr. 1". Ein vierzehnjähriger, pubertierender Junge, der ein bisschen knutschen wollte, sich nach Zärtlichkeit sehnte, mehr nicht. Ich wollte „nur spielen"!

Jaja, die Väter. Sie hörten erst auf, komisch zu sein, als ihre Töchter 21 Jahre alt wurden. Oder als ich sie einfach nicht mehr kennenlernte. Ich erlebe es mittlerweile anders. Bedingt durch die Scheidungsraten spielen die Original-Papas leider immer weniger eine Rolle.

08 GEFÜHL und der Wandel zum Wettbewerb

Da schlummerte irgendetwas in mir. Wenn ich verknallt war, dann tickte da auch was. Aber dieses GEFÜHL, auf das ich hinaus will, ist etwas Ureigenes, ist nicht wirklich greifbar und schwer zu beschreiben. Ich versuche es dennoch.

Es hat mit deinem Selbstbewusstsein zu tun. Damit, dir darüber bewusst zu werden, dass in dir eine Seele steckt, die gut ist und Nahrung benötigt – Nahrung in sehr unterschiedlichen Formen. Das GEFÜHL sucht Zweisamkeit, Zärtlichkeit, Umarmungen, Anerkennung, und dieses Ich versucht, Neues zu entdecken. Neue Welten.

Es war einfach faszinierend, sich vorzustellen, einen Busen zu berühren. Ihn in die Hand zu nehmen, zu streicheln, zu schauen, was passiert. Bei mir. Bei ihr.

Ihr den Nacken zu küssen, über den Rücken zu streicheln, der von einer Bluse verhüllt war.

Ich hatte kein Ziel, wenn ich ganz nah an meinem GEFÜHL war. Da war keine Absicht auf mehr. Ich genoss den Augenblick und war fasziniert von diesem Zauber.

Wonach streben wir Menschen? – Nach Anerkennung, und danach, gesehen zu werden, wie wir sind. Wir wollen uns selbst finden, abgrenzen von unseren Eltern. Wir suchen nach Akzeptanz. Wir wollen angenommen werden, wie wir sind. Wir wollen Zärtlichkeit empfangen, Umarmungen verschenken und annehmen. Wir streben nach einem Wir-Gefühl. Wir wollen Zärtlichkeit geben und auch gern Lust spüren. Wir wollen Vertrauen erleben und schenken.

Dies sind die Zutaten, wenn ich vom GEFÜHL spreche, wenn ich es großschreibe. Weil es dann tatsächlich ein großes Wort, ein mächtiges Gefühl ist.

Wenn ich das Wort Gefühl kleinschreibe, dann meine ich das Fühlen, das Tasten oder ein gutes Gefühl zu haben.

Wenn ich von diesem großen Wort GEFÜHL spreche, dann spielt der Orgasmus eher eine untergeordnete Rolle. Dieses GEFÜHL bildet die Grundlage für einen Orgasmus oder eine der Grundlagen: Akzeptanz von außen und von innen. Mit sich im Reinen zu sein, loslassen können, annehmen können. Was hilft es mir, wenn ein anderer Mensch mir sehr viel geben will, ich aber gar nicht bereit bin, zu empfangen, gar nicht fähig bin, anzunehmen? Das Gefühl, akzeptiert zu werden, das Wissen, dass andere für mich da sind, ist manchmal schwer auszuhalten, wenn man es nicht von klein auf kennt.

Zurück in die andere Wirklichkeit

Da die Mädels gern zu viert zur Toilette verschwanden, gab es diese Pausen. Wir Jungs trafen uns draußen und tauschten sogenannte „Fortschritte" aus. „Na, wie weit hast du's geschafft?"

Ich war total beseelt, in mir ruhend, gut drauf ohne Alkohol oder Drogen. Ich hatte nichts geschafft, es war einfach schön. Basta. Diese Fragerei, dieses Wettbewerbsgehabe war auf die Dauer jedoch ansteckend. Ich war einen Tacken weiter als die anderen. Meine Eitelkeit wurde hofiert, und ich wurde Bestandteil der Konkurrenz. In der Gruppe konnte ich mich nicht ausgrenzen.

Ich wurde zum Frager. „Hast du etwa schon an ihren Brüsten gesaugt?" Es war der Beginn, andere an meinem GEFÜHL herumzupfen und -zerren zu lassen. In mir schlummerte die Sehnsucht nach Zweisamkeit, einer sehr leichten Erotik, sich wohlzufühlen, angenommen zu werden, zu geben und zu nehmen. Von außen gab es da diese Zwänge, diese Sucht, sich gegenseitig übertreffen zu müssen, und es entstand Druck, der wiederum für Ruhelosigkeit und Ungeduld sorgte. Weil viele ihre Heldengeschichten erzählten oder wissbegierig ihren Freunden an den Lippen hingen, unter dem Motto „Wenn man es schon nicht selbst hinbekommt, muss es wenigstens der Kumpel geschafft haben". Das gibt Hoffnung. Halb wurde ich gezogen, halb sank ich hin.

Maria, in die ich mit 14 verliebt war, durfte ich sowieso nicht mehr sehen. Der Sperrbezirk reichte ihrem Vater nicht mehr. Ich musste mich neu orientieren, nahm den Wettbewerb an und wurde einer der Erfolgreichsten. Leider blieb dabei mein GEFÜHL auf der Strecke.

09 Schmusen, küssen, fummeln oder Petting

Langsam streicheln Fingerkuppen sanft über die Haut, mit viel Gefühl erkunden Lippen den Nacken, das Ohrläppchen. Das Spiel mit den Fingern, Körper reiben aufeinander, Lust, sie zu berühren, ihren Körper spüren, ihre Wärme … Zeit nehmen, Zeit lassen, Tempo drosseln. Wach bleiben oder auch nicht.

Das Gefühl, das du in dir spürst, die Lust auf sie, dein Interesse an ihr, das musst du ihr beim Kuss zeigen. Die wilden Phasen werden folgen, das Übereinanderherfallen und das Klamotten vom Leibe Reißen, aber nicht gleich, niemals am Anfang. Bedenke: Sie kennt dich nicht, nicht in dieser Rolle. Sie weiß nichts von dir, und wenn du sofort mit der Tür ins Haus fällst, forderst du Reaktionen wie Rückzug, Angst und Furcht heraus. Mit Lust und Leidenschaft ist es dann leider erst mal vorbei, und ebendiese willst du ja bei ihr entfachen. Du willst, dass sie deine Gefühle erwidert, dich streichelt, umarmt, knutscht und später einmal mehr zulässt, dass du sie lecken darfst oder sie dir den Schwanz lutscht. Um dies zu erreichen, musst du behutsam vorgehen und darfst sie eben in keiner Weise verschrecken.

Küssen ist wichtig beim Schmusen. Nähere dich vorsichtig, tastend. Überfallartige Knutschattacken können später folgen. Am Anfang, beim ersten Kuss, näherst du dich vorsichtig mit den Lippen zu hauchzarter Berührung, mit der du eher signalisierst, dass du zum Kuss bereit bist. Spiele erotische Spielchen mit ihr, lasse sie kommen. Deine Andersartigkeit gepaart mit ihrer Neugierde wird sie anlocken, versprochen. Geh auf ihr Tempo ein. Du drohst, einzuschlafen? Einschlafen wird mit Langeweile gleichgesetzt. Mag sein. Einschlafen heißt aber auch vertrauen, Ruhe finden. Wenn ihr grundsätzlich unterschiedlich küssen und schmusen wollt, dann seid ihr vielleicht doch nicht füreinander bestimmt.

Falls du rauchst, viel Alkohol getrunken oder dich lange nicht mehr gewaschen hast, stinkst du und schmeckst scheiße. Sie ist Nichtraucherin? Dann muss sie dich wirklich geil finden, wenn sie dennoch mit dir knutschen will. Falls ihr zum Schmusen und Küssen verabredet seid, verzichte auf die Zigarette davor – es ist besser. Meide Alkohol oder trinkt beide.

Gehen wir davon aus, dass du frisch gewaschen bist, deine Socken ebenso. Du stinkst nicht aus dem Hals, alles ist prima, und ihr habt beide Lust aufeinander. Geh behutsam auf sie zu, küsse sie oder lass dich küssen, aber behalte deine Zunge erst mal bei dir. Wenn sie ihre Lippen langsam öffnet und damit signalisiert, dass sie mehr will, dann kannst du langsam, behutsam, gefühlvoll mit deiner Zunge ihre Lippen umspielen. Deep Throat (tief im Rachen) ist so eine Geschichte aus der Pornoindustrie, die die wenigsten Frauen begeistert, weder mit der Zunge noch mit dem Schwanz.

Du kannst dich gern früher oder später austoben, wenn sie das auch will, aber nicht beim ersten, zweiten oder dritten Mal. Es sei denn, sie steckt dir ihre Zunge in den Hals und es gefällt dir, dann erwidere es, aber du fängst mit dem Scheiß nicht an.

Schmusen ist ein sehr dehnbarer Begriff, der fließende Grenzen zum Petting hat und die Grundlage zum Vögeln bedeutet. Petting kommt von „to pet – liebkosen", bedeutet jedoch eher den nackten Kontakt.

Egal wie weit dein Forscherdrang geht, behutsames Vorgehen ist lohnenswert.

Sofern du Widerstand spürst, zieh den Finger, die Zunge oder was auch immer zurück. Die Frau wird es dir danken. Sie ist einfach noch nicht bereit für den nächsten Schritt. Keine Zwangsbeglückung.

Mein Rekord steht bei 7 Stunden schmusen. Jungs, ich war so geil, und mein Schwanz hat mir zwischendurch echt weh getan. Bin ab und zu von der Lustwiese geflüchtet. Wir waren glücklicherweise beide nikotinsüchtig und tranken Wein, so gab es Pausen zur Beruhigung. Ihre Möse gehörte zum Sperrbezirk, aber alles andere war eben wunderbar. Es war lustvoll, keine Frage, auch wenn die Entladung eben nicht stattfand – keine Erlösung, sondern eine permanente Steigerung meiner Geilheit.

Letztendlich entscheiden meistens die Mädels, wer ran darf und vor allen Dingen wann.

Wenn du zu den gefühlvollen, tastenden Knutschern gehörst, dann wird sich dies herumsprechen, denn auch die Mädels tauschen ihre Erfolge aus. Wenn du von der einen über den grünen Klee gelobt wirst, dann hören ein paar hübsche Ohren mit. Zu den Top 10 der Jungs zu gehören, hat Vorteile.

Es klingt taktisch, und letztendlich ist es auch listig, weil wir triebgesteuert sind. Das Knutschen und Schmusen dient naturgemäß der Fortpflanzung, daher ist es mit Lust verbunden. Wäre es mit Ärger und Schmerz verbunden, dann wären wir längst ausgestorben. Es reicht, wenn die Geburt schmerzt, aber die Empfängnis soll Lust bereiten. Wenn du grundsätzlich berechnend an den Liebesakt, an das Schmusen herangehst, hast du verloren, weil deine Partnerin nur deine Lust und dein GEFÜHL wahrnimmt. Wenn du es nur technisch gut draufhast, dann findest du dich genau dort wieder, wohin du nicht abdriften solltest. Dass du eine

Taktik anwendest, um an mehr heranzukommen, kannst du nicht leugnen. Das machen die Mädels auch. Die brezeln sich auf, um wahrgenommen zu werden und zum Zug zu kommen.

Es geht darum, behutsam und tastend vorzugehen und ihr die Chance geben, die Lust zu erwidern. Wenn du das draufhast, bist du auf der richtigen Spur. Alles andere bedeutet letztendlich: üben, üben, üben. Daran führt kein Weg vorbei. Ein begnadeter Lover ist noch niemals nur so vom Himmel gefallen.

10 Klammerblues, schmusen, küssen … Wie ging es weiter?

Zu meiner Fortbildung gehörten die Männermagazine Playboy und Penthouse, die mir mein Vater unfreiwillig zur Verfügung stellte. Die Fotos waren geil – hübsche Frau eben. Die erste Geige spielte allerdings Gerti Senger. Sie war die Sex-Beraterin in der Zeitschrift Penthouse, also quasi Dr. Sommer (Bravo) für Erwachsene.

Ich redete mir ein, dass die Antworten besser waren als die in der Bravo, weil sie für Erwachsene geschrieben waren, und die mussten schließlich mehr vom Sex wissen, weil sie alle schon gevögelt hatten. Ich wollte mir Tricks aneignen, wollte alles zum Thema Sex wissen.

„Die intensivste Lust erlebt ihre Bettgefährtin sicher dann, wenn sie aus der Lust entsteht, die auch sie selbst beim Liebesakt empfinden." (Gerti Senger im Penthouse)

Solche Aussagen gaben mir Kraft, weil ich spürte, dass ich auf dem richtigen Weg war.

Zu der Zeit habe ich noch nicht gevögelt. Da ich kein Mädel lecken durfte, hatte ich nur eine vage Vorstellung von einer Klitoris. Letztendlich konnte ich diese Infos auf das Schmusen und Knutschen übertragen, und das war wichtig. Ich habe mir nicht die Bilder angeschaut und dabei onaniert. Auf die Idee bin ich gar nicht gekommen. Lust gespürt habe ich schon, aber an mir herumzuspielen: null Lust. So wenig Körperlichkeit. Das kam später.

Mit 15 hatte ich diverse Mädels, die mir regelmäßig einen bliesen. Da ging es nicht um Gefühle, Verliebtsein, tastende Nähe, sondern um knallharte Geilheit, die ich loswerden wollte. Es ging um Wettbewerb, um Ausnutzung – um meine Lust.

Auch Rebecca durfte ich nicht lecken. Ihre Vagina war tabu. Sogar Berührungen mit den Fingern waren nicht erlaubt – streng katholisches Elternhaus als pädagogische Grundlage. Dennoch wollte Rebecca dazugehören, wollte auf die geilen Partys, die ich veranstaltete. Also lutschte sie mir meinen Schwanz.

Jahre später war sie so stolz darauf, mit 18 Jungfrau noch zu sein. Sie angelte sich sehr gezielt einen wohlhabenden Erben, bekam drei Kinder und ließ sich nach X Jahren scheiden – nun gut.

Wir haben uns mit 15 Jahren ganz gut verstanden, sind aber nie miteinander gegangen. Nachbarn eben. Wir schmusten, knutschen miteinander, und ab und zu befriedigte sie mich auch oral.

Da ich sie nicht lecken durfte, war es leider kein Vergnügen, das auf Gegenseitigkeit beruhte. Geil, okay, lustvoll auch, aber es war mehr so mechanisch. Einseitig geblockt konnte meine spielerische Lust des Nehmens und Gebens sich nicht ausleben. Schade.

Ich fand mich damit ab, es reichte eine Weile, und nach ein paar Wochen war es mit uns wieder vorbei. Mit der Clique ging es auch bergab. Es gab keine Herausforderung mehr. Die Mädels waren abgegrast und wurden auch nicht hübscher. Sie passten sich dem tiefen Niveau der Jungs an. Der neue Wettkampf hieß: Wie häufig Mann zu Samba Pa Ti Klammerblues tanzen konnte. Der Song ist spitze, aber das war nicht mein Anspruch. Die Clique langweilte mich. Jürgen hatte es 17 mal 4 Minuten hintereinander geschafft. Er war ein guter Libero, aber ich traute ihm nicht zu, dass er ein guter Liebhaber war. Vielleicht hat ihm seine Standhaftigkeit später mal weitergeholfen? J

Schon auf die letzte Party hatte ich null Bock mehr. Irgendein lieblos umgeräumtes Wohnzimmer mit roter Glühbirne. Petra und ich waren die einzigen Singles, und wir sollten nun miteinander ..., damit die anderen ungestört fummeln konnten. Ich hatte absolut keine Lust auf Petra, die ich dick und hässlich fand. Ich habe ihr die Gründe meiner Weigerung offen genannt, und sie schlug mich. Ich scheuerte ihr eine zurück, und wir rangelten uns auf dem Boden. Jürgen zog uns auseinander und tadelte mich: „Man schlägt keine Mädchen." Er hatte keine Ahnung! Schließlich hatte ich Schwestern und hatte früher regelmäßig mit Mädels gekämpft oder gebalgt. Es gehörte zum natürlichen Umgang. Ich glaube, Petra sah das auch so, aber wir hatten keine Chance, die Auseinandersetzung weiter körperlich auszufechten. Unterlegen war sie mir nicht (Masse mal Beschleunigung). Ich verließ die langweiligen Spießer.

Meine Eskapaden, die absolut harmlos waren, erzielten einen gewissen Ruf. In der Parallelklasse des reinen Mädchengymnasiums stand ich eingeritzt oder mit Edding und Herz umrahmt fast auf jedem Tisch – ich und mein Kumpel Jochen. „We are the cutest boys in town." Mein Ruf potenzierte sich. Das Einzige, was ich wirklich ausgiebig gemacht hatte, war fantasievoll und äußerst erotisch Klammerblues zu tanzen. Auf der Tanzfläche probierte ich alles aus, aber außerhalb war ich eher brav. Ich hatte eine große Schnauze, sah ganz gut aus und flirtete viel. Ach ja, ich konnte auch wunderbar knutschen. Die Fantasien der Mädels kamen obendrauf, und so war ich der Gigolo, der Aufreißer. Das mit dem Vögeln kam erst etwa zwei Jahre später. Ich hatte einen schlechten Ruf, der mich mindestens zwanzig Jahre verfolgte. Was für ein Blödsinn, was für eine klein karierte Peinlichkeit, wenn eine vierzigjährige Frau mir vorwirft, was ich mit fünfzehn angeblich gemacht haben soll.

Sei's drum.

Ich hatte mir selbst an meinem 16. Geburtstag geschworen, dass ich ein Jahr pausieren würde. Die Politik rief mich. Ich gründete mit einer Handvoll aktiver junger Frauen der Heinrich-von-Kleist-Schule ein Schülerkomitee. Wir waren erfolgreich. Unsere Schule erhielt nach zwei Jahren endlich einen Aufenthaltsraum, und am Ende des Jahres war ich Bezirksschülersprecher.

Meine einjährige Pause verfehlte ich knapp, denn Carola lief mir zwei oder drei Monate später über den Weg. Das gigantische Liebes-Chaos bis zu meinem 21. Lebensjahr begann mit einem Kuss hinter einem Schleier.

Meine erste große Liebe sollte fünf Jahre dauern und endete, weil die Frau im Ausland Medizin studierte. Alles, was ich den Mädels zwischen 13 und 16 angeblich angetan hatte, bekam ich doppelt und dreifach zurück. Ausgleichende Gerechtigkeit und noch ein bisschen obendrauf.

11 November 1978 – Die Geschichte (mit) der O

Der Klassenkampf war erfolgreich, und weil das Wetter für Demos einfach zu kalt wurde, zockelte ich zurück auf die Partymeile.

Als ich Carola zum ersten Mal sah, wurde sie von einem blutigen Anfänger umflirtet, der vieles richtig machte, im entscheidenden Moment aber keine Eier hatte. Ich amüsierte mich aus sicherer Distanz mit zynischen Kommentaren. Neben mir lag ein schmusendes Pärchen, das sich auch über die Versuche köstlich amüsierte. Als ihr Verehrer pinkeln musste, ging ich mit dem Pärchen eine Wette ein. Carola lag zugedröhnt von Anmachsprüchen auf dem Sofa. Sie war reif, wollte nur noch gepflückt, erlöst werden.

Ich legte mich neben sie und flirtete massiv, aber mein Kumpel Jochen hatte nur darauf gewartet, gesellte sich unvermittelt dazu und kommentierte wie ein Radioreporter jeden Schritt, darum blieb es beim Baggern.

Ein paar Wochen später tauchte Carola in Begleitung von Jochen bei einer meiner legendären Partys auf. Ich erinnere mich, dass sie nervte, weil ich eine andere Lady im Visier hatte.

Es dauerte nicht lange, bis ich Carola erneut traf und diese geheimnisvolle Frau endlich – mit einem bunten Schleier verhüllt – küssen durfte. Um mich war's geschehen. Völlig verknallt und blind tapste ich in eine fünf Jahre andauernde Katastrophe. Aufgrund ihres souveränen Auftretens bekam ich damals nicht mit, wie verklemmt sie war. Klosterschule in Regensburg, Beste ihres Jahrgangs, vor Monaten erst im Ruhrgebiet gelandet … All diese wichtigen Infos ignorierte ich, sah nur ihre Attraktivität, spürte ihre Erotik. Das Mädel war in der Schule angesagt, war Herausforderung, tiefstes Wollen. Tja, wer so eine Frau ums Verrecken für sich gewinnen will, muss auch die Kacke ausbaden, die sie verursacht.

Ich spring mal ein bisschen in der Zeit.

„Möse lecken verboten Teil II" wegen Klostererziehung und Katholizismus. Verklemmte Mädels! Carola hat das gut überspielt. Schon damals waren die Ansätze der zukünftigen Psychiaterin und Psychotherapeutin zu spüren. Sie konnte ihre eigenen Probleme gut auf andere abwälzen. Sei's drum – sie war eine wichtige Frau in meinem Leben, und ohne diese Begegnung hätte ich dieses Buch nicht geschrieben. Die vielen miesen Zwischentöne, die ich mit ihr erleben musste, gehören eher in ein Buch zum Thema „Psychokriege oder die Entwicklung zum Mann" unter dem Kapitel „Wie sehr prägt die erste große Liebe?"

Bleibe lieber beim Sex. Sie hatte hübsche Brüste, einen schlanken Körper … Im Laufe meines 18. Lebensjahres wollte ich mit Carola vögeln. Es entwickelte sich in Richtung der gegenseitigen Entjungferung, und dann – kamen die Sommerferien dazwischen. Carola war in Regensburg geboren, und es war ihre Entscheidung, sich in ihrer Heimatstadt entjungfern zu lassen. Es war abends in einem englischen Landschaftspark mit einem wildfremden Typen, der älter war und ungemein erfahren. Damit es nicht so weh tut? Mit dem Ziel, dass es …? Ich kenne ihre Beweggründe nicht. Frauen sind manchmal komisch. Angeblich war der Sex, also der Akt Scheiße – na, immerhin. Zumindest war das die Version, die ich von ihr Wochen später hörte. Nach einer gewissen Zeit hörte es sich noch erheblich beschissener an.

Es hat weh getan – *mir* hat es weh getan. Es war ein Stich ins Herz, ein Tritt in die Magengrube. Da keine Alternative in Sicht war – ich wollte unbedingt endlich poppen –, trennte ich mich nicht von ihr, trotz der Verletzungen. Da sie in unserer Beziehung notorisch fremdgegangen (mit anderen geknutscht, Petting und Schwanz gelutscht) war, war es auch nur konsequent, sich von einem Wildfremden im Park entjungfern zu lassen.

Ich wollte es so sehr. Ich wollte unbedingt endlich vögeln, darüber habe ich alle meine seelischen Schmerzen verdrängt. Scheiß was auf die Entjungferung! Das Kapitel war gegessen! Jetzt ging es nur noch um das Tun. Mein Tun. Das erste Mal. Mein erstes Mal.

12 Das erste Mal

Gefiebert habe ich danach, immerhin wird Mann anschließend als vollständiges Wesen betrachtet. Es ist so ähnlich wie nach der Führerscheinprüfung, nur hat Mann keinen Lappen in der Hand, den Mann herumreichen kann. Aber Mann kann wortgewandt lächeln und locker aus der Hüfte sagen: „Ich auch!"

Tja, und dann kam der Moment. Beim ersten Mal war es nur ein drittel Mal. Alles ging schief. Ihr Rock zerriss, Hektik war Trumpf. Eines war uns klar, nämlich dass mein Schwanz in ihre Möse musste, und schon fing das Desaster an. Die Post ging ab, aber Absender und Adressat waren unbekannt verzogen, und wir beließen es bei dem Drittel. Wir behielten es ziemlich lange dabei, denn der Versuch hatte an unserem Image gekratzt, und um uns wieder psychisch aufzubauen, trieben wir lieber das, was wir konnten. Das Paradies auf Erden war das allerdings auch nicht. Da unser Sexualleben damals eine Mischung aus lustvollem Miteinander und diffusem Durcheinander war, nahm ich es einfach zur Kenntnis, dass sie für meinen Schwanz verfügbar war. Das war die gute Nachricht nach ihrer Regensburger Nacht.

Das „richtige" erste Mal

Anfangs war es wie immer, wir hatten es uns nicht fest vorgenommen. Sie nahm schon eine ganze Weile die Pille, aber die Angst vor unserer eigenen Courage (fehlender Mut) schreckte uns ab, mehr als „nur" miteinander zu schmusen.

Es hört sich ein wenig zu positiv an, denn sie blies mir einen. Ich fand es geil, und sie dachte, dass sie es mir machen müsste. Das war allerdings reine Spekulation meinerseits, denn wir sprachen nie darüber.

Das Spiel mit meiner Zunge wies sie dagegen entschieden ab, da es unschicklich und unhygienisch sei – Bayrische Schule eben. In Latein eine 1, aber eben nicht im passiven Französisch. Ich fand es doof, aber es war nicht zu ändern. Das Vergnügen war so oder so recht einseitig – jeweils.

Trotzdem hatten wir zu jener Zeit in sexueller Hinsicht noch eine halbwegs gute Beziehung. Solange wir den Koitus nicht gedanklich mit uns herumschleppten, haben wir auch fantasiereich miteinander geschmust.

Schließlich kam dann das erste Mal. Ich hatte ausnahmsweise nicht an den Geschlechtsverkehr gedacht. Ich hatte ihn im Prinzip erst mal abgeschrieben, um im Bett nicht so verkrampft und zielorientiert zu arbeiten.

Es war endlich mal wieder richtig schön, mit ihr zu schmusen. Nach einer Weile fragte sie, ob ich nicht Lust hätte, es nochmals mit ihr zu versuchen und mit ihr zu schlafen.

Obwohl ich durch die Spontanität weniger gestresst war, wurde es im Grunde ein Störfall ohne Folgen. Ich drang viel zu schnell ein, um es wirklich zu registrieren, habe mich rein- und rausbewegt, ohne darauf zu achten, wie mein Schwanz ihre Vagina berührte, ohne auf die Berührungen zu reagieren. Ich stand eher neben mir und habe mechanisch nur das getan, was ich tun zu müssen glaubte, was ich irgendwo gesehen oder gelesen hatte. Vielleicht ist es auch ein angeborener Instinkt?

Beim Akt fiel mir auf, dass wir in der „normalen" Stellung (sie auf dem Rücken, Beine breit und leicht angewinkelt, und ich zwischen ihren Beinen und mich mit den Armen abstützend) miteinander bumsten. Nichts gegen die

Stellung, aber dies nur als Hinweis, dass ich nicht so recht bei der Sache war.

Der Akt wurde dann immer chaotischer. War es das, worauf ich Jahre lang gewartet hatte, wovon ich Jahre lang träumte? Ich verfiel in Hektik, Stress und monotone Bewegungen, rammelte vor mich hin und verlor jeden Kontakt zu ihr, aber auch zu mir. Dann machte ich das einzig Richtige: Ich zog meinen Schwanz heraus, rollte mich neben sie, umarmte und küsste sie. Ich verspürte den Drang zu einer Zigarette.

Stunden später saß ich rauchend am Schreibtisch, bewertete das Erlebnis als eine Erfahrung mehr, sonst nichts. Ich war weder niedergeschlagen, sauer oder böse, sondern befreit, weil ich das erste Mal endlich hinter mir hatte.

Ein paar Tage danach keimte ein Glücksgefühl in mir auf und eine Art Verliebtsein. Ich konnte die größten Schnulzen aus dem Radio ertragen. Zum einen war ich mir sicher, dass ich die Kurve zurück zu meinem GEFÜHL kriegen würde, und zum anderen verschleierte ich vorhandene Komplexe im Überschwang, aber die Realität holte mich ein. Denn das zweite, dritte, vierte und x-te Mal verliefen ähnlich chaotisch und stressig.

Was folgte, gehört zu den schwärzesten Episoden in meinem Leben. Das GEFÜHL, das ich spürbar eingebüßt hatte, ging komplett verloren. Ich begriff die „einfachste Sache der Welt" nicht, hatte ich doch keine Ahnung vom Geschlechtsleben. Reden? Mit wem denn? Tabus sind Tabus (eine Art Verbot)!

Meine damalige Freundin suchte Trost bei älteren, „erfahrenen" Männern, die im Thema Sex versierter schienen. Sie war allerdings unfähig, ihr neu erworbenes Wissen auf unsere sexuelle Beziehung zu übertragen. Ich schreibe bewusst ‚sexuelle Beziehung', denn mehr war es nicht. Wir mochten und verstanden uns, aber die Beziehungskiste erhielten wir nur aufrecht, um unser chaotisches Experimentierfeld nicht weiter ausweiten zu müssen.

An ihrer Hand schlurfte ich mit in die Stadtbücherei, um sogenannte Aufklärungsbücher zu wälzen. Ich habe nicht einmal protestiert, denn zum einen wollte ich ja wissen, wie ES ging, und zum anderen war es schließlich „die Aufgabe des Mannes", Probleme im Bett aus dem Weg zu schaffen, genauso wie es „ihre Aufgabe" war, sich um die Verhütung zu kümmern.

Wenn noch eine Spur des GEFÜHLS in mir vorhanden war, so wurde sie von Fachwissen nun völlig begraben. Von nun an lag ich nicht mehr als Mensch im Bett, sondern als voreingestellte Maschine ohne GEFÜHL oder Gefühl, aber mit viel Technik und „Wissen" im Kopf, im Schwanz, in den Händen.

Von Biologen, Soziologen und Sextherapeuten, die Versuche mit Menschen in Labors tätigten, bis hin zu Oswalt Kolle ließ ich mich tapfer in den männlichen und den zwischen- menschlichen Ruin führen.

1967 war das Buch „Das Wunder der Liebe" revolutionär, aber: „Der junge Mann versteht nicht, dass seine missglückten Experimente, sein Mangel an Mut, seine fehlerhafte ‚Technik' das Mädchen an seiner Männlichkeit haben zweifeln lassen […]." Die Sprache verschreckte mich.

Das Gehirn wird häufig als wichtigstes Geschlechtsteil angesehen, und dem stimme ich zu.

Von meinem Orgasmus stand leidlich wenig in jenen Büchern. Der Penis muss in die Vagina geschoben werden. Gut, kannte ich schon vom „Aufklärungsunterricht" aus der

Schule. Erotisch fand ich die Zeilen auch nicht. Kolle mag mal wichtig gewesen sein, aber mittlerweile gehört dieses Buch in ein „gut sortiertes" Antiquariat, aber nicht in die Hände derer, die Not leiden.

Ich konnte meiner Freundin nicht zeigen oder sagen, was mir Spaß machte, und sie mir umgekehrt auch nicht. Folglich lernte ich aus Büchern: Wo ist die Klitoris? In welcher Farbe präsentiert sich der Busen, wenn die Frau ihrem Orgasmus entgegen schlittert? Wie steht es um die Körpertemperatur während der Ekstase bei den Vögelnden – und, und, und.

Dieses Faktenwissen gab mir den Rest. Es fehlte nur noch, dass ich mit einem weißen Kittel bekleidet vor einen OP-Tisch getreten wäre, auf dem sie lag, um sie mit meinen Augen, Händen und meinem Schwanz zu sezieren, von Halogenlicht ausgeleuchtet, damit die Verfärbung ihrer Brüste meinen Blicken nicht entginge.

Solange wir uns in der Schule trafen, hatten wir genug Schauspieltalent, um über die Widrigkeiten unseres Lebens hinwegzutäuschen. Die Knutscheinheiten in der Fünfminutenpause deuteten auf ein erfülltes Liebesleben hin, und so wurden uns keine unbequemen Fragen gestellt.

Wir trugen es mit uns allein aus, mehr durch Verdrängen und nach dem Prinzip Hoffnung als durch direkte Auseinandersetzung im Gespräch miteinander oder mit Gleichaltrigen.

Zoff gab es natürlich trotzdem – auf der Ebene der Körpersprache, mit der wir die Unfähigkeit, die Unzulänglichkeit ausdrückten, aber auch in Form von Wortgefechten im Bett, die in Sprüchen wie „du Schlappschwanz" oder „Jahrhunderte hatten die Männer ihre Orgasmen, jetzt sind wir Frauen dran" gipfelten. Welch ein armseliges Zeugnis unserer ach so aufgeklärten Gesellschaft! Unsere zwischen„menschliche" Beziehung oder Bindung entwickelte sich zu einer Art Hassliebe. Wir versuchten, uns liebenswert zu geben, um die gegenseitigen Erniedrigungen zu immer höheren Gipfeln zu schrauben.

Mit diesen persönlichen Beschreibungen weise ich darauf hin, dass Schweigen keine Probleme löst. Sie werden nur unkenntlich gemacht und verdrängt oder vergraben, und brechen dann bei einer anderen Angelegenheit wieder hervor.

13 Untätigkeit erlauben, Schwäche zeigen

Wie schwierig ist es für uns Männer, den passiven Part zu übernehmen, uns im Bett verwöhnen zu lassen oder beim Flirt oder wo auch immer.

Wir müssen uns die Freiheit nehmen, uns Passivität zu erlauben. Wir werden mehr oder weniger in die Rolle des Verführenden gedrängt und „baggern wie blöde".

Es rührt wohl von den alten Sitten her, denn der Mann „muss" die Frau zum Tanz bitten. Der Herr öffnet der Dame die Tür und hilft ihr in den Mantel, und dementsprechend ist es selbstverständlich, dass der Typ die Perle auszieht. Die Tradition der Zurückhaltung wird den Mädchen eingeimpft. Wenn zwei schüchterne Wesen aufeinandertreffen und ein knisterndes Vakuum entsteht, ist es garantiert, dass die aktive Rolle des Verführens dem Mann zufällt. Die Frau verhält sich passiv, bietet sich an, indem sie durch Augenaufschlag, Make-up und Kleidung auf sich aufmerksam macht. Die Rollenverteilung löst sich nur langsam auf und sehr träge.

Dieses Vakuum auszufüllen, ist schwierig, nicht weil es darum geht, freundlich und zärtlich zu sein, sondern eher, weil eine Art Leistungsdruck entsteht, nur nichts falsch zu machen. Wer einmal diesem Rollenverhalten verfällt, hat es schwer, wieder dort herauszukommen. Es lohnt sich aber, es auf sich zu nehmen, denn Sexualität ist ein Geben und Nehmen. Nehmt euch die Ruhe zum Genießen.

Genauso viele Schwierigkeiten wird es dir als Mann anfangs bereiten, die passive Rolle zu übernehmen. Gleichwohl wird es für die Frau nicht einfach sein, ihr Verhaltensmuster aufzubrechen, da bei ihr gleichsam ein Umdenken erfolgen muss.

Jetzt einen rigorosen Rollentausch vorzunehmen, ist genau der Schritt in die falsche Richtung, denn streicheln und gestreichelt werden ist erquickend und gehört nicht in die Kategorie „Notwendigkeit des Vorspiels", wie es leider einige meiner männlichen Geschlechtsgenossen sehen. Vor dem CD-Zeitalter erzählte mir ein Typ, dass er ein gutes Timing entwickelt hätte: „Während der A-Seite einer LP liefe das Warming-up, und wenn die B-Seite gespielt wird, ginge es rund." (Also jeweils 15–20 Minuten.)

Gönn dir Ruhe und Gelassenheit, geh weniger zielstrebig vor und lass die Geliebte auch mal wirken. Sei mutig und mach mal nix.

14 Sprechen über Sexualität

Über Sex zu sprechen, ist nicht leicht. Da kommt viel zusammen: Unsicherheit, Scham, Wünsche, Sehnsucht, wenig Erfahrung, Geilheit, Ringen um Formulierungen …

Als Einstieg, um die Probleme langsam loszuwerden, gibt es die unterschiedlichsten Möglichkeiten:

> Mach dir deine Probleme erst mal selbst bewusst. Schreib sie auf oder dreh einen Video-Clip. Stell es nicht ins Netz.

> Versuch das Thema, in deinem Freundeskreis anzuschneiden, bei Gleichaltrigen, mit denen du nicht in sexuellem Kontakt stehst.

> Sobald du dich sicher fühlst, rede darüber mit deiner Freundin, mit der du die Probleme hast.

Vermeide dabei, dass ihr euch gegenübersitzt. Geht spazieren oder löffelt miteinander. Vermeide Du-Sätze. Bleib bei dir. Beginne jeden Satz mit „Ich" oder „Mir". Nenne deine Wünsche. Bleib freundlich. Sprich von Gefühlen. Zeige, wie es dir in unliebsamen Situationen geht.

Langfristig gesehen ist es besser, über das eigene Liebesleben Klarheit zu gewinnen und miteinander zu sprechen, als es absichtlich zu übersehen, zu ignorieren.

Alles, was man in sich hineinfrisst, wird wieder an die Oberfläche kommen. Erst nervt es, dann nimmt das Unbehagen auf aggressive Weise zu, und am Ende der Reaktionskette stehen echte, psycho-somatische Krankheiten, wenn alles vom Kopf auf den Körper übergeht: Magenprobleme, Rücken- schmerzen usw. Innere Abkehr ist nie gut, wenn es darum geht, aufeinander zuzugehen.

Deine Sexualität kann niemals Schwäche sein. Steh zu dem, was du tust. Denk daran, dass es *deine* Vorlieben sind, die sich nicht unbedingt auf eine Partnerin übertragen lassen. Sie hat ihre eigenen Interessen, und zusammen werdet ihr unweigerlich Kompromisse schließen müssen oder euch trennen. Treibt das, was euch beiden Spaß macht!

Wenn du zu etwas keine Lust hast, es aber trotzdem tust, um ihr einen Gefallen zu tun, dann mach es, aber nur, wenn du es mit dir vereinbaren kannst. „Tue Gutes, und rede darüber." Das gilt auch hier. Über kurz oder lang muss sie wissen, was dir kein Vergnügen bereitet, sonst wird es nerven. Denn eigentlich willst du es sein lassen, und das merkt sie und wird dadurch verunsichert. Wenn du es ihr also nicht sagst, aber innerlich darauf herumkaust, dass du ja „immer auf sie eingehst" und schlecht drauf kommst, dann hilft dir das wenig.

Einfach mal NEIN zu sagen, wenn du auf Sex oder Bumsen keine Lust hast, gehört dazu und könnte zum Einstieg in ein Gespräch über deine Sexualität werden. Letztendlich ist es gut für dich, wenn du deine Grenzen lebst, ob nun innerhalb oder außerhalb einer Beziehung. Also: NEIN, wenn du keine Lust auf Sex oder Schmusen hast.

In Liebesbeziehungen, in denen die Initiative und das offene NEIN zum Sex ungefähr gleich verteilt sind, kann man lernen, mit der gemeinsamen Sexualität umzugehen. Schuldgefühle oder Gedanken um den Mangel an Interesse beim Partner werden dann erst gar nicht aufkommen. Das gilt übrigens für alle Lebensbereiche.

„Hüte dich vor einem Entschluss, zu dem du nicht lächeln kannst!" (H. F. Karl vom Stein)

15 Orgasmus des Mannes

„Höhepunkt der geschlechtlichen Erregung" – was sonst sollte auch in einem Duden darüber stehen? Es ist unsere Aufgabe, über ihn zu reden, zu versuchen, ihn uns und anderen zu erklären, ihn zu genießen und so als schönsten Moment, als natürlichen Höhepunkt offen zu erleben. Nur – so selbstverständlich ist der Orgasmus des Mannes nicht. Im Gegenteil!

Männer beschreiben ihren Orgasmus zumeist als Ejakulation. Hier liegt aller Laster Anfang, weil die Ejakulation sehr häufig eintritt. Wenn Ejakulation und Orgasmus dasselbe sind, dann haben Männer immer einen Orgasmus. Da der Orgasmus der Höhepunkt ist, streben Männer nicht nach mehr. Die Ejakulation kann lustvoll sein, muss es aber nicht. Ich habe schon ein paarmal abgespritzt und habe es nicht bemerkt. Andererseits geht es auch erheblich lustvoller.

Ich gehe davon aus, dass viele Männer gar nicht wissen, was ein Orgasmus wirklich ist oder bedeuten kann. Sie halten lediglich an dem hartnäckigsten Gerücht und größten Irrtum fest, dem nicht nur Frauen, sondern gerade auch Männer verfallen sind.

Bei der Frau ist es allgemein anerkannt, dass sie ihre Orgasmusfähigkeit nicht in den Schoß gelegt bekommt, sondern sie sich im Laufe der Zeit durch Übung erwirbt. Dem Mann ist diese Fähigkeit angeboren und von der ersten sexuellen Betätigung an gewiss. Nun – leider nein.

Die Ejakulation hat schon etwas mit dem Orgasmus zu tun, aber ich behaupte, dass er auch ohne Ejakulation möglich ist. Der Samenerguss kann den Höhepunkt des Orgasmus bilden, sein Ende signalisieren oder mittendrin eintreten, aber das Abspritzen ist niemals der Orgasmus selbst. Einen

Orgasmus kann Mann nicht herauspressen. Er findet nicht statt, wenn Mann ihn unbedingt will, und Technik tötet ihn! Er tritt nicht auf, wenn du im Stress stehst. Mann kann ihn nicht einfach „aus der Tasche" herbeizaubern.

Der Orgasmus ist ein Gefühl, das schwer zu beschreiben ist. Das Entscheidende dabei ist, dass Körper und Kopf eine Einheit bilden und wir akzeptieren, dass es dieses Phänomen gibt. Du musst es für dich ganz allein kennenlernen, musst dir selbst diese Chance geben.

Die Phase vor der Ejakulation ist anfangs besonders „kritisch", denn zu schnelle Bewegungen von dir oder ihr können deine orgastischen Feelings zerstören. Die Intensität hast du im wahrsten Sinn der Worte in der Hand, im Mund und in deinem Schwanz. Deine Freundin wird im Laufe der Zeit anhand deiner Reaktionen spüren, wann du kommst, wie du kommst oder wie sie dich weiter stimulieren kann. Sprich deine Wünsche mit freundlichen Worten an oder vereinbare Handzeichen. Schon dieser Punkt spricht für eine längere Beziehung und zeigt dir klar deren Vorteil gegenüber einem One-Night-Stand auf.

Trotzdem gilt: Nur du allein stehst dir selbst im Weg und sonst niemand. Der Orgasmus ist ein Gefühl des ganzen Körpers, das sich von deiner Schwanzspitze langsam über deinen Körper ausbreitet. Die Lust nimmt nach und nach von deinem ganzen Körper Besitz und schaltet den Kopf komplett aus, verzaubert, beflügelt dich und mehr. Du bist nicht mehr dreigeteilt in Kopf, Körper und Schwanz, du bist eins mit dir und deiner Geliebten. Und du denkst nicht mehr.

Es gibt keine sichere Gebrauchsanleitung, und Technik tötet alles, wenn Gefühle sprechen sollen. Es gibt ein paar Grundvoraussetzungen:

Chille und entspanne. Nimm dir Zeit an dem Tag und in der Woche. Leg dich hin, denk an etwas Schönes, lass dich verwöhnen, genieße den Moment, träume von …

Angespannte Muskeln versperren den wachsenden, vorwärts- treibenden Lustpartikeln den Weg, also bleib locker, genieße deine Passivität und lass deiner Lust freien Lauf. Wenn du deinen Körper kennengelernt hast, wird es auch andere Situationen geben, aber anfangs gilt: Gib deinen Empfindungen eine Chance. Lust darf wachsen. Gib dir die Zeit.

Kleiner Exkurs:

Das Anspannen der Muskeln des gesamten Körpers fördert bis zu einem bestimmten Grad die Lust. Achtung! Diese Muskelspannung ist nicht mit dem bedingten Reflex kurz vor bzw. bei der Ejakulation zu verwechseln.

Grundsätzlich spreche ich von zwei verschiedenen Methoden, die sich am besten am Beispiel der Selbstbefriedigung erklären lassen. Du träumst so vor dich hin, dein Schwanz wächst langsam gen Bauchnabel, du erfasst und streichelst ihn und schiebst die Vorhaut – falls vorhanden – auf und ab. Um die Lust zu steigern, das Kribbeln zu verstärken oder den Bereich zwischen dem orgastischen Gefühl und der Ejakulation zu erreichen, kannst du zweierlei tun.

Methode 1:

Du spannst den Körper von der Beckenmuskulatur bis zu den Zehen an und manipulierst und beschleunigst die Lust. Bei dieser Technik kannst du relativ schnell ejakulieren, wenn du dich nicht genau kennst. Auf jeden Fall bleibt die Lust im Schwanz und in der Beckengegend hängen.

Methode 2:

Du bewegst dich gleichbleibend langsam, wodurch sich deine Lust sowohl langsam steigern als auch über den ganzen Körper ausbreiten kann.

Kombination beider Methoden:

Diese Vermischung solltest du nur in „Notfällen" anwenden, wenn es schnell gehen muss, also zum Beispiel, wenn du deine U-Bahn oder die Sportschau nicht verpassen willst. Du kannst nämlich deine Lust „künstlich" über die Muskelspannung steigern und an dem Punkt, an dem sie intensiver wird, das Tempo deiner Hände drosseln. Bei dieser Technik bist du allerdings sehr mit dem Kopf dabei, was wiederum für einen Orgasmus hinderlich ist.

Probier einfach aus, was dir mehr gefällt. Ich ziehe Methode 2 vor, die am lustvollsten ist, allerdings auch viel Zeit und Ruhe verlangt. Es liegt also – fast –allein an dir, wie intensiv du abhebst. Ob die Lust im Schwanz hängen bleibt, ob dein Po mitvibriert, deine Brustwarzen blinken oder dir gar Flügel wachsen.

Kleiner Exkurs:

Je weniger du onanierst oder mit einer Frau eine Ejakulation hast, umso schneller spritzt du ab. Es ist ein natürlicher Vorgang, den du lustvoll genießen solltest.

„Techniker" holen sich vorher einen runter, damit sie „ihre" Frau hinterher schon beim ersten Mal lange mit ihrem Schwanz beglücken können.

Tu, was du nicht lassen kannst!

Wenn dir das Onanieren auf der Toilette neben dem Schlafzimmer oder im Auto vor ihrer Haustür Freude und Lust bereitet, dann sieh es als dein persönliches Ritual an.

Wenn du es allerdings mehr für sie tust – der beste Liebhaber von allen sein willst oder die Emanzipationsbewegung dir im Kopf herumspukt –, dann lass es. Ein zärtlicher Quickie kann auch sehr schön sein, oder ihr bezieht es in euer Vorspiel ein, denn Abende oder Nachmittage, an denen ihr miteinander vögeln wollt, sollten sowieso nicht auf Minuten oder Stunden begrenzt sein.

Am Schönsten habe ich es bis jetzt erlebt, wenn ich entspannt auf dem Rücken lag und die Frau auf mir saß oder lag. Sie bewegte sich langsam, sodass mein Schwanz in seiner ganzen Länge und Passivität ihre Zärtlichkeiten empfangen konnte, so relaxed etwa wie in der Badewanne, kurz bevor du fast einschläfst, lang gestreckt und Kopf und Körper locker und beschwingt. Oder streichele dich selbst, oder mach, was du willst.

Jetzt leg dich bitte nicht ins Bett, verfalle in eine Starre und fordere deine Freundin auf, dich zu bedienen. Schmusen heißt geben und nehmen. Küsse, streichel … wenn deine Lust wächst, dann lass deine Freundin wirken. Ich liefere Denkanstöße, keine Gebrauchsanweisungen, weil nur du weißt, was dir guttut.

Solange dein Gehirn arbeitet und dir Befehle wie „eigentlich müsste ich jetzt", „sollte ich nicht lieber" oder „lieber würde ich" erteilt, können dein Körper und deine Seele nicht eins werden. Du hinderst dich an deiner Ekstase.

Irgendwann spürst du das Prickeln und Vibrieren in dir hochsteigen, und wenn du dich nun ihrem Rythmus anpasst, kannst du das Gefühl verstärken oder aber auch die Lustlawine, die kleinen Lustpartikel, abblocken.

Hier hören die Denkanstöße auf, und die eigenen Erfahrungen müssen einsetzen. Probier es einfach aus. Üben, üben, üben. Beim Onanieren lernst du deinen Körper am besten kennen. Du kannst eine Menge ausprobieren. Verlange also nicht am Anfang der Experimente das Glück auf Erden, es kommt, wenn du mit deiner Freundin genauso behutsam umgehst wie mit dir selbst, und umgekehrt. Und zelebriert bitte nur, was euch beiden Spaß macht!

Wenn Ihr experimentierfreudig seid, könnt ihr eure Orgasmusfähigkeit in ungeahnte Höhen schrauben. Es soll Männer geben, die ihre Psyche und ihren Körper so weit im Griff haben, dass sie ihren Orgasmus ohne Ejakulation haben. Andere wiederum haben ihre Perfektion noch weiter ausgefeilt, sie bekommen mehrere Orgasmen hintereinander. Es gehört viel Willenskraft dazu, Übung und „gymnastische" Spielchen, mit denen ihr sogar eure Arbeit im Büro oder an der Werkbank genussvoll gestalten könnt. Im Anhang weise ich auf die Bücher hin, in denen diese Techniken ausführlich geschildert werden. Ungeahnte Möglichkeiten liegen seit Jahrhunderten in unseren Körpern vergraben. Es liegt an uns, diese Genüsse hervorzuholen und im Bett den Genießer zu leben.

Ich teile euch hier Einzelerlebnisse mit, um euch zu zeigen, dass der männlichen Sexualität kaum Grenzen gesetzt sind, nicht, um euch einem neuen Druck auszuliefern. Es geht nicht darum, dass ihr von heute auf morgen ähnliche „Kunststücke" vollbringt, denn das ist nicht die Botschaft dieses Buches.

Ich habe eine Zeit lang besagten Muskel trainiert, aber mir fehlte der Ehrgeiz, es den Jungs gleichzutun.

Ich teile den Orgasmus in Phasen auf, wobei das eine gewisse Schwierigkeit birgt, weil es sich schließlich um etwas Fließendes oder Ineinandergreifendes handelt:

Lust auf Sex

Regungen

anwachsendes Lustgefühl

eigentlicher Orgasmus, der sich bis zum ganzkörperlichen Rausch steigern kann

Ejakulation, die eine Entspannung einleitet

Der Orgasmus tritt bei zahlreichen geschlechtlichen Akten nicht immer auf. Anfangs verspürst du dieses Gefühl vielleicht eher annähernd bei der Selbstbefriedigung als im Spiel mit deiner Geliebten. Der Orgasmus wird dir nicht in die Wiege gelegt, sondern du musst die Fähigkeit zu dieser ganzkörperlichen Ekstase erlernen.

Unzufriedenheit mit den eigenen „Leistungen" ist hier genauso fehl am Platz wie der Druck, nun dies oder jenes tun zu müssen. Er kann dich auch in deiner Ahnungslosigkeit überraschen, aber der Orgasmus ist, selbst wenn du ihn schließlich erlebt hast, nicht erzwingbar, sondern nur im Einklang mit dir selbst erlernbar.

Die oben beschriebenen Phasen sind für dich möglich, wenn du dich bei deiner Freundin innerlich fallen lassen kannst. Wenn du die Bereitschaft zeigst, dich in Besitz nehmen zu lassen, tritt genau das Gegenteil ein: die Freiheit – ohne Drogen.

Dieses Sich-fallen-Lassen wird häufig bei der Sexualität der Frau und ihrer Orgasmusfähigkeit beschrieben.

Die Art und Weise, um zur Ekstase zu gelangen, ist bei Frauen und Männern unterschiedlich, aber hier könnten die Unterschiede auch schon aufhören. Männer praktizieren oder machen Sex, sie erleben ihn nicht. Wenn ich immer aktiv bin, kann ich mich nicht zurücklehnen und genießen.

Sollte der werte Leser oder die werte Leserin eine wissenschaftliche Abhandlung wünschen oder den Beweis durch Statistiken einfordern, so muss ich euch enttäuschen. Ihr dürft die Nase rümpfen und das Buch zuklappen. Bevor ich die Idee zu diesem Buch hatte, und nachdem ich bereits die ersten Zeilen getippt hatte, nahm ich an, dass meine Behauptungen zum Thema Orgasmus etwas Neues seien. In Buchläden oder Bibliotheken fand ich weder unter der Rubrik Aufklärungsbücher noch unter der Rubrik „Männer" Bücher, die meine eigenen Erfahrungen unterstützten. Inzwischen habe ich zumindest zwei Exemplare gefunden. Es handelt sich hierbei zum einen um das Buch „Hingabe", das von Männern geschrieben wurde, die bereits verheiratet, Väter oder Großväter waren. Diese beschäftigten sich nicht mehr mit der Aufklärung im engeren Sinn. Zum anderen ist mir das Buch „Männliche Sexualität von Bernie Zilbergeld in die Hand gefallen. All jene, die die Wissenschaftlichkeit in meinem Buch vermissen, werden damit auf ihre Kosten kommen. Diese akademische Abhandlung belegt meine nur aus dem Gefühl heraus gewachsenen Thesen. Zu beiden Büchern werde ich im Anhang eine kurze Inhaltsangabe anfügen, da sie euch vielleicht weiterhelfen können.

Die Kommentare vieler Männer haben mich dazu bewogen, weiterzuschreiben. Hier ein paar Beispiele:
Männer und Frauen erleben Sexualität ganz anders.
Frauen brauchen eine viel stärkere gefühlsmäßige Bindung.
Männer sind zum Geben geboren.

Das Vorspiel ist eine Notwendigkeit, damit sie feucht wird.

Der Schwanz ist aktiv und die Möse nun mal passiv.

Der männliche Orgasmus wird nicht mehr den Schwerpunkt bilden, sondern das GEFÜHL dorthin.

Und gerade dieser Weg für uns Männer wird in den sogenannten Aufklärungsbüchern nicht wichtig genug genommen oder in der gewohnt verkrusteten Art und Weise behandelt.

Zwei Aussagen möchte ich unkommentiert stehen lassen:

„Nur wenige Männer können mit anderen Männern über Schwäche sprechen."

„Die meisten Aufklärungsbücher sind von Männern geschrieben worden."

Ich halte es für meine Aufgabe, über den Orgasmus und Sexualität zu schreiben und zu versuchen, ihn zu erklären, ihn zu genießen und ihn in den schönsten Momenten ganz offen als natürlichste Selbstverständlichkeit zu leben. Es gilt aber auch, dass sexuelle Erlebnisse nicht mit einem Orgasmus enden müssen. Eine Ejakulation kann auch sehr schön sein. Dann ging es eben um die geilen Gefühle davor, die Zärtlichkeit, die Liebe, das Streicheln. Die Grenzen zwischen einer lustvollen Ejakulation und einem kleinen Orgasmus sind fließend. Wenn ihr im Nirwana gelandet seid, dann werdet ihr es merken. Vielleicht nennen ihn die Franzosen deshalb *la petite mort*, „der kleine Tod".

16 Zeremonien

Das Miteinander-Vögeln sollte etwas Besonderes sein. Ich mag das Wort Geschlechtsakt nicht, aber es trifft den Kern meiner Gedanken. Wenn ihr es gemeinsam treibt, ist es ein Akt: ein Festakt, ein Theaterstück, ein Kinofilm in Cinemascope, ein Feuerwerk, eine Auseinandersetzung eurer Kräfte, eine Schlacht der Gefühle, der Wahnsinn deiner Zärtlichkeit, die Leidenschaft der Seelen, die paradiesische Genugtuung vom Klassenkampf … eine Zeremonie!

Schafft euch zwei Betten an, falls ihr zusammenwohnt.

Seht eure Bekleidung als Geschenkpapier an.

Hüpft nicht sofort miteinander ins Bett, verwehrt euch lieber die Chance, geht ins Kino, zum Essen aus oder spazieren.

Genießt Zeile für Zeile eure Körper. Erogene Zonen sind überall dort, wo viele Nerven enden. Ein Tipp nebenbei: die Füße.

Grast sämtliche verdammten Quadratzentimeter der Haut eures Gegenübers ab. Trinkt Sekt, zelebriert den Nachmittag, den Morgen oder die Stunden um Mitternacht, schmust, vögelt, tanzt, schreit.

Tut euch den Gefallen und zieht nicht irgendwelche Handlungen aus lieb gemeinter Gewohnheit durch. Es soll Paare geben, die sich seit Jahrhunderten lieben und doch jedes Mal etwas anderes dabei empfinden, tun, leben, genießen.

Treibt es dort, wo das Schicksal zuschlägt und der kleine nackte Engel seinen Pfeil verschossen hat: Wiesen, Äcker, Felder für Naturfreunde oder frustrierte Manager, so mitten im Überlebenstraining als ausgedehnten Zwischenimbiss nach Ameise und Schnecke. Das Schlauchboot auf dem Teich ist das Wasserbett für Ökos, und Individualverkehrsteilnehmern sei das öffentliche Verkehrsnetz empfohlen.

Ich weiß, dass es gegen die verdammte Moral spricht, es – wenn ihr beide Lust dazu habt – in der Umkleidekabine eines städtischen Schwimmbades zu treiben. Meistens schmunzeln die Leute, die es mitbekommen aus einer Art Anerkennung, weil ihr etwas tut, was sie sich selbst niemals trauen würden, obwohl sie immer davon geträumt haben. Vorsicht vor der anderen Spezies! Ihre Vertreter werden euch anzeigen, verteufeln und mit Lokalverbot drohen. Ansonsten – viel Spaß!

Zärtlichkeit ist schön, gut und sehr wichtig, aber die Dimensionen sind unerschöpflich. Wenn ich hier so viel von GEFÜHLEN und Zärtlichkeit schreibe, dann meine ich damit auch, dass es im Bett heftig und leidenschaftlich abgehen kann. Es macht Vergnügen und lässt die Luft raus.

17 Selbstbefriedigung

Vorab

Wenn du dich selbst befriedigen willst, die Erektion aber ausbleibt, dann renne nicht gleich zum Arzt, bekomme kein schlechtes Gewissen und glaub erst recht nicht an beginnende Impotenz. Dein Gehirn hat dir einfach einen Streich gespielt. Du dachtest, du müsstest mal wieder, aber du wolltest gar nicht wirklich, und wenn du es jetzt unter Zwang durchziehst, ist es ein selbstverletzendes Verhalten. Lass es!

Selbstbefriedigung und Fantasieträume

Zu diesem Thema haben Psychologen und andere Autoren tausende Seiten geschrieben. Alles ist erlaubt, niemand schaut in dein Hirn. Kein Mensch kann dir etwas verbieten, nur du selbst. Lass mal tüchtig die Sau raus. Lieber Aggressionen oder Perversionen beim eigenen Schwanz packen und so ausschwitzen, als sie in der Realität auszuleben.

Wie befriedige ich mich am genussvollsten selbst?

Da du dich aller Wahrscheinlichkeit nach bereits selbst befriedigst, wirst du wissen, was dir guttut. Ein paar Tipps kann ich dir rüberschieben, allerdings hast du den Grad deiner Befriedigung selbst in der Hand. Onanie macht weder abhängig noch krank, dein Alter spielt keine Rolle, auch nicht dein Stand in der Gesellschaft, ob du nun vorpubertär oder Vater von drei Kindern bist. Falls es dir peinlich ist, beim Wichsen überrascht zu werden, beuge vor und schließe den Raum ab. Mach es dir gemütlich. Viele treiben es im Stehen unter der Dusche, auf der Toilette oder sonst wo.

Das mag amüsant sein, aber höchsten Genuss bei der Selbstbefriedigung erlangst du eher, wenn dein Körper entspannt ist. Leg dich auf den Rücken, entweder flach oder mit locker angewinkelten Beinen. Es gibt Männer, die behaupten, dass es lang ausgestreckt am besten ist, weil die Gefühle des Orgasmus dann nicht durch Muskelanspannungen blockiert werden und so dein ganzer Körper in den Genuss des Rausches kommen kann. Probier es aus.

Du bestehst auch bei der Selbstbefriedigung nicht nur aus Schwanz. Dein ganzer Körper ist reizempfindlich. Da es mit viel Aufwand verbunden ist, sowohl die Fußsohlen zu streicheln als auch mit deiner Rute zu spielen, konzentrierst du dich lieber auf deine Hoden, auf Po, Oberschenkel, Brustwarzen, Lenden, Ohrläppchen.

Es mag fremd klingen, aber alle Körper, ob Männchen oder Weibchen, sind nun mal ähnlich empfindlich. Es gibt zwar Variationen, allerdings kaum im geschlechtsspezifischen Sinn.

Du fühlst dich gut? Die Brustwarzen richten sich auf und schreien nach mehr? Fein. Begib dich ins Reich der Fantasie. Vernasch die Tochter von nebenan oder lass dich von ihrer Mutter verführen, vielleicht stellst du dir Lena aus der Schule vor oder lebst bei einem flotten Dreier oder Vierer auf. Alles, was dich geil macht, ist erlaubt.

Nimm deinen Schwanz in die Hand. Entweder umschließt du ihn mit allen Fingern, oder du fasst ihn ähnlich wie eine Flöte an. Schiebe nun die Vorhaut sanft über die Eichel und wieder zurück. Falls du beschnitten bist, nimm Vaseline oder Olivenöl.

Selbstbefriedigung hat für mich lange bedeutet: Bringen wir es hinter uns – völlig falsch! Je mehr Zeit du dir nimmst und je langsamer du die Hand bewegst, um so intensiver kann der Genuss werden.

Kleiner Exkurs:

Die Bauchhöhle ist auf allen Seiten von Muskeln umgeben, die zum einen die Geschlechtsorgane schützen und zum anderen im Schwanz münden. Die Schwellkörper reichen bis zum Hodensack und schließen an jene Muskeln an. Auf den Muskel, der auch die Schließmuskulatur des Afters kontrolliert und mit dem du den Strahl beim Pinkeln unterbrechen kannst, hast du direkten Einfluss.

Dr. Kegel entwickelte Ende 1940er Jahre eine Methode, um die Beckenbodenmuskulatur zu stärken. Die Übung wird auch PC-Übung genannt, weil damit der Pubococcygeus Muskel trainiert wird. Die Frauen, die diese Übungen machten, nahmen ihren Orgasmus viel stärker wahr.

Zilbergeld übertrug diese PC-Übungen auf Männer, die unter vorzeitiger Ejakulation litten. Er beschreibt in seinem Buch (siehe Anhang), dass man nach langen therapeutisch-wissenschaftlichen Untersuchungen herausgefunden hat, dass Mann durch Trainieren dieses Muskels eine Ejakulation abblocken kann, indem Mann ihn anspannt, wenn zu spüren ist, dass ein Abgang kurz bevorsteht. Dadurch kann die Lust bis zu einem Orgasmus und später bis zu mehrfachen Orgasmen (mit viel Übung) gesteigert werden.

Das wird nicht sofort eintreten, aber durch regelmäßige Wiederholungen, bei denen du diesen Muskel immer wieder anspannst, kannst du nach einigen Wochen schon gewisse Erfolgserlebnisse verbuchen. Anfangs förderst du durch das Anspannen des Muskels die Ejakulation. Im Laufe der Zeit spürst du langsam, wie du Kontrolle über einen etwaigen Samenerguss bekommst. Wenn du mit dem Training etwa 2 Wochen aussetzt, nimmt die Beherrschung wieder ab. Dies gilt für jeden Muskel im Körper. Für die Übungen ist es absolut nicht notwendig, dass der Schwanz steif ist. Du kannst ihn also trainieren, wenn die Schule langweilig wird oder an der Werkbank, im Bus, im Auto und auf dem Fahrrad, denn niemand wird etwas merken, weil es nichts zu sehen gibt.

18 Körper-Details von Mann und Frau

Günter Amendt schrieb 1979 in „Das Sexbuch": Mach keinen Tanz, zeig mir den Schwanz. Mach kein Getöse, zeig mir die Möse. Mit Schwanz und Möse bin ich aufgewachsen.

Penis: Schwanz, Rute, Schwengel, Phallus, Zauberstab, Flöte, Pimmel, Pinsel, Liebesstab, Glied, Latte, cock (englisch) …

Vagina: Muschi, Möse, Fotze, Votze, Pflaume, Schnecke, Loch …

Biologisches Detailwissen gehört zum kleinen Einmaleins des Sex dazu. Es kommt darauf an, mit deinem und ihrem Körper korrekt umzugehen. Wenn du es verlernt hast, wirst du es dir wieder aneignen können. Eile mit Weile! Ich mache ein Kapitel daraus, um das Zusammenspiel besser erläutern zu können.

Sowohl für den Mann als auch für die Frau gilt, dass eine gemütliche Atmosphäre, viel Zeit, Entspannung und Bequem- lichkeit die Grundlagen für ausgedehnte und genussreiche Zärtlichkeiten bieten.

Eurem Forscherdrang ist keine Grenze gesetzt. Treibt es auf Wiesen, in U-Bahnen, Hollywoodschaukeln oder im Stehen, Gehen, Sitzen. Um Ekstase ausleben zu können, empfiehlt sich die althergebrachte Örtlichkeit: das Bett. Die Horizontale.

Die meisten von uns begreifen Sex als etwas sehr Intimes, bei dem Nähe und sexuelle Fantasien nur dann ausgelebt werden, wenn die Räume abgesichert sind.

Der komplette Körper, von den Haarspitzen bis hinunter zum großen Zeh, bildet die Landschaft der Erotik. Es ist häufig die Rede von den erogenen Zonen, aber dieses Gerede hat dazu geführt, dass sich Sexualität bei der Frau zumeist auf die Brustwarzen, die Klitoris und die Vagina konzentriert. Wir Männer bestehen nur noch aus unseren Schwänzen. Allerdings werde ich mir gleich selbst untreu und verweise auf die Lustzentren von Mann und Frau.

Zu den **Geschlechtsorganen des Mannes** gehören:
    Die Geschlechtsdrüsen (Hoden)
    Die akzessorischen Geschlechtsdrüsen (Nebenhoden)
    die Samenwege
    die Samenbläschen
    die Prostata (Vorsteherdrüse)
    die Cowperschen Drüsen
    der Penis

So könnte der **Weg der Samenzellen** beschrieben werden: Die Sonne steht am Firmament und lässt die Trauben (Samen) der Weinberge (Hoden) langsam heranreifen. Sie werden gepflückt und in Fässern (Nebenhoden) gelagert. Auf dem Weg zur Endverbraucherin wird der Wein noch ein bisschen mit Zucker (Samenbläschen) gesüßt und eingedickt, mit Wasser (Prostata) gestreckt und mit Biochemie (Cowpersche Drüsen) veredelt.

Der **Hodensack** ist unterteilt in zwei Kammern mit je einem Hoden und Nebenhoden und umgeben von einer sehr dünnen, empfindlichen und gerunzelten Haut. Eine Muskulatur zieht den Sack bei Kälte und starker sexueller Erregung zusammen und verändert den Standort der Hoden (inklusive Nebenhoden).

Die **Hoden** bestehen aus vielen Samenkanälen, die

miteinander ein Knäuel bilden. In diesen Kanälen werden die Spermien (Samenzellen) gebildet. Zwischen den zahlreichen Strängen liegen Zellen, die das Sexualhormon Testosteron bilden, das für die Heranbildung männlicher Geschlechtsmerkmale (tiefe Stimme, Bart- und Haarwuchs usw.) verantwortlich ist. „Die Hodenkanälchen münden zunächst ins sogenannte Hodennetz und von dort in die ausführenden Kanälchen des Nebenhodens (Schülerduden Biologie 1976)".

Der **Nebenhoden** besteht jeweils aus einem einzigen in sich gewundenen Kanal, in dem die Samenzellen heranreifen und auch kurzfristig gelagert werden.

Hoden und Nebenhoden gehören zu den druckempfindlichsten Körperstellen des Mannes. Dies solltet ihr in jeder Lebenslage beachten. Der Samenleiter führt jeweils aus einem Nebenhoden heraus und durchläuft den Hodensack bis in die Bauchhöhle hoch bis zur Prostata (Vorsteherdrüse), um endlich in die Harnröhre zu münden. Kurz vor der Prostata sitzen an beiden Seiten die Samenbläschen. Es handelt sich hierbei um Drüsenorgane, die nicht nur Samenzellen speichern, sondern auch ein zähflüssiges Sekret absondern.

Die **Prostata** (Vorsteherdrüse) besteht aus viel Muskelgewebe, das die Samen daran hindert, in die Blase zu gelangen. Sie produziert auch ein Sekret, das allerdings wesentlich geschmeidiger ist als dasjenige, das von den Samenbläschen gebildet wird. Ohne diese Sekrete könnten sich die Samenzellen nicht fortbewegen.

Die Ejakulation (Samenerguss) wird unterteilt in einen inneren und einen äußeren Vorgang: Zuerst ziehen sich Samenleiter, Vorsteherdrüse (Prostata) und Harnröhre mithilfe von Muskelkontraktionen zusammen. Dieser Vorgang sorgt für einen vorübergehenden Verschluss der Blase. Die zweite Phase beginnt wenige Augenblicke danach. Der Samen und verschiedene Sekrete, die in der Prostata, den Cowperschen Drüsen und den Samenbläschen produziert und gelagert wurden, werden in Intervallen über die Harnröhre durch den Schwanz herausgespritzt (200 bis 700 Millionen Spermien).

Dieser Hergang ist nicht bewusst steuerbar, sondern kann nur indirekt abgeblockt werden (Kegel-Methode).

Diese Samenentleerung wird unterschiedlich stark, aber lustvoll empfunden, daher rührt auch das Missverständnis, die Ejakulation und der Orgasmus seien identisch.

Es kann sein, dass ihr bei übermäßiger Anspannung, bei körperlicher Anstrengung oder in einer stressigen Situation eine Ejakulation erlebt. Bis zum 20. Lebensjahr sind Männer besonders stark erregbar und derartige Samenergüsse kein Grund zur Beunruhigung.

Sexuelle Pausen führen dazu, dass du sofort abspritzt, wenn du es mal wieder treibst. Schon beim zweiten Mal in derselben Nacht verschwindet aber das gefühltötende Syndrom, da sich die geilen Gefühle zumeist langsam aufbauen. Die Auszeit könnte dazu führen, dass dich ein feuchter Traum übermannt. Du spritzt im Schlaf ab, mit oder ohne Traum, an den du dich erinnerst. Wissenschaftler vertreten die These, dass das nur geschieht, wenn du noch nie eine sexuelle Ejakulation hattest, aber Wissenschaftsgläubigkeit hat schon viel Unheil angerichtet. Ich kann aus eigener Erfahrung den Akademikern nur widersprechen. Eines stimmt mit Sicherheit: Deine Hoden werden ganz bestimmt nicht unter der Überproduktion leiden, und auch deine Samenblase wird keineswegs platzen.

Zwischen deinem 15. und 30. Lebensjahr wirst du am häufigsten ejakulieren. Deine Erektionen in diesem Lebensabschnitt können bis zu einer Stunde andauern – was nicht immer mit Genuss einhergeht. Aber auch nach deinem 31. Geburtstag wird es längst nicht vorbei sein. Die Prognose „nach 10.000 Schuss ist Schluss" scheint ein Promotion-Gag des Vatikans gewesen zu sein, um uns die Freude an der Selbst- befriedigung zu nehmen. Das Gegenteil gilt: Je mehr Gefallen du schon in jungen Jahren an deinem Schwanz hattest und je häufiger du IHN solo oder in Begleitung nutzt, umso selbstverständlicher kannst du IHN im Alter genießen. Nach neuesten Erkenntnissen ist sexuelle Aktivität bis ins hohe Alter gesund (mehr Schutz vor Herzinfarkten).

Die Amerikaner erforschen ja fast alles und füllen so ihre Statistiken, und so stellten sie fest, dass selbst in ihrem prüden (sexualfeindlichen) Land noch 70 Prozent der über Siebzigjährigen sexuell aktiv sind.

Befruchtung
Bei deiner Ejakulation treten jedes Mal 200-700 Millionen Samenzellen aus. Die Sekrete, die sie begleiten, sorgen dafür, dass ein Teil von ihnen durch den Gebärmuttermund in die Gebärmutter und Eileiter wandern, wo sie bis zu 72 Stunden überleben können. Trifft ein einziges Spermium auf ein Ei, so dringt es in das Ei ein, und das befruchtete Ei

wandert vom Eileiter in den Uterus, um sich dort in die schleimige Gebärmutterwand einzunisten – mit dem Ergebnis, dass die Frau schwanger ist und du Vater werden könntest.

Erektion

Im Penis wird die Harnröhre von einem Schwellkörper umschlossen. Dieser besteht aus einem Gewebe, das eine erhöhte Blutzufuhr erlaubt und gleichzeitig den Blutrückfluss hemmt. Diesen Vorgang kannst du indirekt steuern: durch deinen Willen oder mithilfe von optischen oder akustischen Reizen oder Geruchsreizen, aber auch über Berührungen. Auch dein Rückenmark kann die Koordination übernehmen, ohne deinen Kopf um Erlaubnis zu bitten. Du kannst eine Erektion nicht erzwingen, da kein Muskel mit im Spiel ist. Sie können im Säuglingsalter auftreten, oder wenn du längst in Rente bist, im Schwimmbad, beim Tanzen, in intensiven Träumen oder beim Frühstück. Falls es mit der Auferstehung mal nicht so klappen sollte wie geplant, hat das vielleicht ganz einfache Gründe:

- zu viel Alkohol im Blut
- stressigen Tag gehabt
- keine rechte Lust

Wenn über Wochen nichts mehr geht, kann ein Androloge (Männerheilkunde) oder Urologe (so eine Art Männer-Arzt) weiterhelfen. Desgleichen gilt für eine Dauererektion (Priapismus), die länger als zwei Stunden anhält. Ein Artikel bei Wikipedia empfiehlt, sofort einen Arzt aufzusuchen, da das Penisgewebe dauerhaft geschädigt werden könnte.

Der physiologische Ablauf der Erektion ist ein Zusammenspiel von Hormonen (Botenstoffen), Nervenreizen, Blut und Muskeln. Die hier aufgeführten Infos reichen grob aus, um deinen und ihren Körper zu verstehen.

Größe, Länge

Es spielt keine Rolle, ob dein Schwanz im ausgefahrenen Zustand 12 oder 36 Zentimeter erreicht. Die Schwanzgröße ist auch kein Argument für Potenz oder gar eine Qualitätseinheit in Zentimeter dafür, ob du ein guter Liebhaber bist oder nicht.

Falls es dich dennoch beruhigen sollte: Je häufiger du es treibst, um so größer kann der Penis werden. Er „wächst" um ein paar Zentimeter, denn das Gewebe wird schlaffer und damit dehnbarer. Dadurch erhält der Schwellkörper mehr Raum, mehr Fassungsvermögen für das Blut, das in den Schwanz gepumpt wird. Dieses Phänomen ist in etwa mit einem Sportlerherzen oder einer Sportlerlunge zu vergleichen. Aber egal, wie oft du vögelst oder onanierst und ob dein Penis um einen oder 5 Zentimeter wächst – die Größe deines Penis ist nicht entscheidend, denn die Vagina umschlingt deinen Schwanz so oder so.

Härte

Dein Schwanz mag zwar von Zeit zu Zeit hart werden, ist aber niemals mit einem Baseballschläger zu verwechseln, weder von dir noch von ihr. Dein Schwanz ist ein feingliedriges Geschöpf, das nach zärtlichem Umgang verlangt. Aus leidvoller Erfahrung weiß ich, wie unsensibel Frauen mit einem Penis umgehen können. Ihre Reaktion auf meinen Protest irritierte mich immer wieder. Wenn es wehtut, schreie ich und verfluche den Satz „Indianer kennt keinen Schmerz".

Morgenlatte

Die Sonne geht auf und mit ihr unsere Schwänze. Alles streckt sich und tankt Energie für den beginnenden Tag. Es ist ein herrliches Gefühl, morgens am Fenster zu stehen, die Landschaft zu betrachten, zu gähnen und sich den Sack zu kraulen. Es entspannt, und in bestimmten Momenten erweckt es in der Beobachterin einen gewissen Tatendrang. Dabei handelt es sich beileibe nicht unbedingt um sexuelle Lust, sondern signalisiert zumeist eine volle Harnblase, aber trotzdem: Viel Spaß beim Frühstück.

Lusttropfen oder Präejakulat

Eine von vielen Halbwahrheiten besagt, dass der Lusttropfen einen Gleitfilm für den Schwanz bilden kann. Aber – wenn eine Vagina trocken ist, dann hat die Frau keine Lust, und einen Lusttropfen in diesem Sinne gibt es nicht, nur einen Vorboten, der der Harnröhre zu einer Art Reinigung dient. Deren Umgebung wird weniger säurehaltig und stattdessen alkalisch (ph-Wert). Wenn dieser Lusttropfen der Vorbote einer Ejakulation ist, taugt er kaum zur Nutzung als Gleitfilm. Außerdem können in diesem Tropfen bereits Samenzellen enthalten sein.

Fixierung

Wenn deine Freundin auf den Schwanz fixiert ist, frage sie, ob es an ihrer fehlenden Fantasie liegt. Tu es behutsam, aber tu es. Meistens wissen Frauen noch weniger über den männlichen Körper als Männer über den weiblichen, und es ist unsere Aufgabe, diesen Zustand zum Besseren zu ändern. Immerhin hat die Frauenbewegung dafür gesorgt, dass wir uns mit dem weiblichen Körper auseinandersetzten. Jetzt ist es unsere Botschaft, aufzuklären, jeder für sich allein und alle zusammen ganz laut.

Anus

Der Anus, auf gut Deutsch auch After oder Hintern (oder Arschloch) genannt, gehört zur erogenen Zone des Mannes und der Frau. Tiefes Eindringen in den Mastdarm kann ein echtes Lustgefühl entfachen, da sich dort sehr viele Enden von Nervenfasern befinden, die in hohem Maße reizbar sind. Der Mastdarm ist nicht nur als „schlechter" Vagina-Ersatz für Schwule zu bewerten, sondern als sexuell erregbare Zone für alle Menschen. Aber als Heterosexueller (Sexualität zwischen Mann und Frau) wirst du vielleicht Schwierigkeiten mit dieser Form der Erotik haben. Wir durften als Kinder nicht mit unserer Scheiße spielen. Der Anus gilt für viele als Tabuzone und Reservat der Schwulen. Probiert es aus. Gleitcreme (Vaseline reicht) nicht vergessen.

Prostata als erotische Zone

Wenn du deine Prostata von innen oder außen stimulierst, kannst du einen besonderen Orgasmus erlangen. Ich habe es bislang nicht ausprobiert, daher liefere ich auch keine Beschreibungen. Begib dich auf die Suche. Das Web bietet eine Vielzahl unterschiedlicher Erlebnisberichte – von Schmerz bis Lust.

Brustwarzen

Diese kleinen Brustwarzen haben schon etwas Faszinierendes an sich, sie ziehen sich zusammen und wachsen gen Himmel. Leider werden die männlichen Brustwarzen nur selten als erogene Zone wahrgenommen. Es gilt mal wieder für beide Geschlechter, dass die sanftesten Berührungen die heftigste Erregung hervorbringen.

Klitoris / Kitzler, Perle

Die Klitoris ist nicht einfach eine Miniaturausgabe unseres Schwanzes, sondern ein besonders empfindsames Organ mit einem vollständigen Eigenleben. Sie besteht aus Schwellkörpern, die sie bei Erregung größer werden lassen, und ihre einzige Funktion ist es, ihrer Besitzerin Lust zu spenden. Hierfür ist die Klitoris hervorragend konstruiert, denn in ihr enden ähnlich viele Nerven wie in unserer Eichel, obwohl sie wesentlich kleiner ist.

Die Klitoris liegt – eingebettet zwischen den kleinen Scham- lippen – in einer gewissen Entfernung von der Vagina. Sie mit einem Finger direkt zu berühren, bricht die sexuelle Konzentration mancher Frauen – andere Mädels stehen wiederum drauf. Manche genießen ein bisschen mehr Konfrontation. Die Art und Weise, wie sie zu erregen ist, hängt auch von der Tagesform der Frau ab. Wenn sie sich zurückzieht – die Frau oder die Klitoris – wird ihr die Behandlung nicht gut getan haben. Wenn sie ihr Becken in deine Richtung drückt, leckst du richtig.

Ob eine Klitoris mit Fingern, Zehen, Lippen, Pinseln, Zähnen, Zunge oder einem Wasserstrudel berührt, massiert, gestreichelt wird, kann die Lust steigern oder hemmend wirken. Auf zärtliches, leicht vibrierendes Streicheln mit sanftem Druck, das in der Intensität gleichbleiben sollte, reagiert fast jede Klitoris. Üben, fragen, und bei der nächsten Freundin geht es fast von vorn los.

Wenn der Kitzler sich zurückzieht, dann sind die Berührungen zu intensiv oder die Frau schlichtweg genervt. Lass dann die Finger weg von dieser kleinen Kugel und konzentriere dich auf ihre Umgebung, indem du die Schamlippen streichelst. Spiele mit deinen Lippen oder der Zunge. Wenn du die Klitoris nicht mehr direkt spürst, begib dich nicht auf die Suche, sondern schmuse oder knutsche fantasievoll. Solltest du deiner Geliebten wirklich auf den Wecker fallen, dann merkst du es oder sie sagt es dir hoffentlich.

Ansonsten streichele weiter, wenn du Lust dazu hast. In dem Moment, in dem du mit dem Streicheln aufhörst oder ihre Erregung unterbrochen wird, weil ihre Eltern doch eher aus dem Kino gekommen sind, wird ihr Erregungsgrad sinken. Wenn ihre Lust schlagartig endet, verschwindet ihre Klitoris unter den Schamlippen. Ähnliches kennst du wahrscheinlich aus eigenen Erfahrungen. Es sollte nicht zu Frustration führen.

Falls deine Geliebte beim Zungenspiel nicht deinen Geschmack treffen sollte, lasst euch was einfallen. Achtet jedoch auf die sehr sensible Flora (Gesamtheit der Mikroorganismen) da unten.

Kitzler und Schwanz

Klitoris und Penis sind von ihrem anatomischen Grundaufbau her unterschiedlich gestaltet. Ich gehe davon aus, dass die Impulse in ihrer „sexuellen Seele" ähnlich bis identisch empfunden werden. Das wird sich nie mit Sicherheit beweisen oder widerlegen lassen, da sämtliche (auch sensitiven) Erlebnisse von Menschen immer unterschiedlich mit Worten beschrieben werden.

Eine gewisse Ähnlichkeit wird niemand abstreiten, daher kannst du aus den Erfahrungen mit deinem eigenen Körper ableiten, wie es bei ihr sein könnte. Es wäre dann falsch, wenn du deine Ejakulation immer noch mit einem Orgasmus verwechselt.

Am Ende bleibt zu empfehlen, dass du einfach deine Gespielin fragst. Dann wisst ihr oder werdet herausfinden, was euch Spaß macht.

Kitzler und Eichel/Schwanzspitze

Die Anatomie dieser beiden Lustspender ist zwar unterschiedlich, aber durch die vielen Nerven, die in ihnen enden, ist die Erregung, die durch sie empfunden wird, ähnlich (und) intensiv.

Anhand der Reizung des unteren Randes der Eichel kannst du die komplette Spannweite der verschiedenartigen Stimulierungen ausprobieren. Mal ist es angenehmer, heftig zu onanieren, mal langsam, mal schnell, mal sanft oder hart. Mit der Vielzahl der Variationen kannst du experimentieren, um festzustellen, was du magst und was nicht. Dies ist deine Aufgabe.

Ähnlich ist es mit der jeweiligen Klitoris, die ganz individuelle Prioritäten (Vorrang) setzt. Gehe einfach auf Erkundungsreise und lass dich von deiner Freundin (beg)leiten.

Vagina und Penis

Das Zusammenspiel macht beiden Freude!

Mit wesentlich mehr Nervenenden als das innere ist das äußere Drittel der Vagina gesegnet. Dies ist kein Nachteil, sondern ein Vorteil, denn die Eichel, die das vordere „Drittel" des Penis bildet, ist sozusagen das geeignete Pendant (Gegenstück) zu ihr.

Wie bereits erwähnt, ist der Lusttropfen eine Legende. Er ist ein Vorbote und dient der Harnröhre gewissermaßen zur Reinigung vor der Ejakulation (Präejakulat).

Wenn die Vagina ihren ureigenen Gleitfilm abgesondert hat, gleitet der Penis in die feuchte Vagina hinein. Lass dich anfangs führen oder schau hin, damit das Gestocher dich nicht verunsichert.

Die Vagina weitet sich zuerst aus, egal ob der Schwanz groß, klein, dick oder dünn ist, und kann sich dann mittels ihrer Ringmuskulatur zusammenziehen. Nach mehrmaligem, langsamem Rein- und Rausbewegen des Penis zieht sich die Vagina zusammen und umschließt den Schwanz völlig*. Jetzt ist es für beide sehr luststeigernd, wenn der Penis fast herausflutscht und nur die Eichel an den Schamlippen vorbeistreich(el)t und ganz kurz in die Vagina eintaucht. Wenn der Penis nach einer Weile völlig in ihr verschwindet und durch das Eindringen die Vagina quasi auseinanderpresst, verspüren Schwanz und Möse einander in voller Länge. Wenn es euch beiden Lust und Freude bereitet, könnt ihr das stundenlang treiben. Es fördert die Lust ungemein. Die Person, die oben liegt, bestimmt das Tempo, und die, die unten liegt, kann sich dem Liebesspiel hingeben oder auch aktiv werden. Guter Sex ist Geben und Nehmen. Mal so – mal andersherum.

Hinzu kommt, dass dieses intensive Reizen der Schamlippen und der Muskulatur Vibrationen an die Klitoris weiterleitet. Es gibt noch einige Unentwegte, die vom Vaginalorgasmus sprechen, und wenn du als Frau einen bekommst, dann genieß es. Von wissenschaftlicher Seite wird behauptet, dass deine Sinne dich täuschen. Lass dich „täuschen", und viel Spaß im Nirwana (Zustand völliger Ruhe).

*Manche Vagina umschließt sofort euren Schwanz, andere müssen es erst üben. Du als Mann kannst es mit oder ohne Wissen deiner Freundin mit ihr trainieren. Natürlich spricht nichts dagegen, es vorher mit ihr zu diskutieren, allerdings bringt das nicht immer etwas, weil Frauen vieles angeblich besser wissen – gerade wenn es um ihre Vagina geht. Bei Feldversuchen habe ich es einfach immer wieder praktiziert, und irgendwann hat ihre Ringmuskulatur reagiert. Es hat nicht nur ping gemacht.

Große und kleine Schamlippen, Venuslippen

Die (behaarten) großen Venuslippen überdecken den ganzen äußeren Genitalbereich der Frau. Sie sind reizempfindlich, füllen sich bei Erregung mit Blut und leiten Berührungen an die Klitorisschenkel, die fast im rechten Winkel von der Klitoris parallel zu den Schenkelinnenseiten verlaufen, weiter. Unter ihnen befinden sich die unbehaarten kleinen Schamlippen, die direkt vor dem Eingang der Vagina liegen. Auch sie sind sehr reizempfindlich.

Vagina, Muschi, Möse, Scheide

Sie ist ungefähr 8–10 cm lang und endet am Gebärmuttermund. Ihre Wände sind im hinteren Teil geschuppt und können je nach Alter und Erregung sehr feucht oder eher trocken sein. Ein gewisser Gleitfilm existiert immer. Wirklich reizempfindlich – nicht zu verwechseln mit druckempfindlich – ist nur ihr vorderes Drittel.

Bei einem Orgasmus kann sich die Muskulatur der Möse ringförmig zusammenschließen, wenn sie nicht bereits geschlossen ist. Diese Ringmuskulatur ist mit dem Muskel zu vergleichen, der an den Schwellkörper anschließt und die Mastdarmöffnung reguliert.

Auch bei der Frau wird im Erregungszustand vermehrt Blut in die Beckengegend, die Schamlippen und die Klitoris gepumpt. 8–10 cm Möse treffen auf im Schnitt 15 cm Schwanzlänge. Wie passt das zusammen? Dieser Widerspruch steht in zahlreichen Büchern und wird nicht erklärt. Irgendwer hat irgendwann herausgefunden, dass die Vagina sich senkt, wenn ein Schwanz eindringt, sodass mehr Raum entsteht. Wenn dein Schwanz außerordentlich lang sein sollte, agiere (handle) bitte mit mehr Vorsicht.

Lippen

Lippen und Zunge sind die empfindsamsten Tastorgane des Menschen, darum macht euch diese Eigenschaft zunutze, um euch gegenseitig zu verwöhnen, geht auf Entdeckungsreise und seid dabei nicht so verdammt genital-fixiert.

Klitorale oder vaginale Orgasmen

Die Klitoris liegt eingebettet zwischen den kleinen Schamlippen und der Klitorisvorhaut in "relativ großer Entfernung" vom Vaginaeingang.

Dies war der wissenschaftliche Kenntnisstand bis Mai 1998. Dann schaute Helen O´Connell genauer hin: Die Klitoris-Eichel ist sichtbar und hat die Abmessung einer Erbse, darunter schlummern diverse klitorale Schwellkörper, die sich einem verdrehten Y-gleich nach innen mit einer Länge von je 6-11 cm ziehen. Der sogenannte zweiflügelige Vorhofschwellkörper gehört auch noch dazu.

Die Vagina ist ein dehnbarer muskulärer 8-12cm langer Schlauch. Neben der glatten Muskulatur in der Scheidenwand wird die Scheide von quergestreiften Muskeln umgeben. Diese PC-Muskeln (Musculus pubococcygeus) sind Teil der Beckenmuskulatur. Sofern Frauen diese Muskeln trainieren, können sie sie zusammenziehen. Da sie ringförmig wie eine Raupe die Vagina umschließen, kann eine Muschi einen Penis massieren. Häufig wird auch der Begriff „orgastische Manschette" benutzt.

Mit ein bisschen Übung steigert deine Partnerin ihre Lust, indem sie deinen Schwanz massiert und stimuliert, dies überträgt sich wiederum auf ihre Klitoris. Bei einem Orgasmus zieht sich die Muskulatur reflexartig zusammen. Diese Ringmuskulatur ist mit dem Muskel zu vergleichen, der die Mastdarmöffnung reguliert (Kegelmethode von Zilbergeld).

Wissenschaftler, Journalistinnen, Autorinnen und Frauenbewegte streiten, ob es direkte Vaginalorgasmen gibt oder nicht. Ich erlebte es häufig, dass bei der Aktivierung der PC-Muskelgruppen ein Vaginalorgasmus nach ein paar Monaten Übung eintrat.

Da die Bewegungen, Impulse von den klitoralen Schenkeln auf die Klitoris übertragen, um an den Hypotalasmus weiter gesendet zu werden, könnte dies auch als klitoraler Orgasmus bewertet werden. Dann gebe ich keine Widerworte mehr.

19 Körpersprache

Nacktheit und Scham

Falls du deinen Schwanz oder deinen ganzen Körper für zu groß, klein, kurz, lang, dick, dünn, dürr, für schief oder was auch immer einschätzt und dich daher schämst, dich nach dem Sportunterricht vor anderen Jungen auszuziehen, um zu duschen – okay, kein Problem. Du brauchst dich keiner unangenehmen Situation auszusetzen, wenn es nun mal so ist, aber dann dusch bitte zu Hause sofort, noch vor oder direkt nach dem Mittagessen. Nacktheit will eben gelernt sein! Wie oben schon erwähnt, sind nur die wenigsten Jungen mit ihrem Schwanz zufrieden. Wenn ich meinen Penis mit anderen verglich, hatte ich auch das Gefühl, dass er zu klein war. Als ich ihn nicht mehr nur zum Pinkeln benutzte, löste sich das Problem in Luft auf.

Unter der Vorhaut liegen am Rand der Eichel Drüsen, und dort sammelt sich ganz natürlicher weißer Talg (Smegma oder Vorhauttalg, eine Art Fett) an. Entferne ihn regelmäßig, um schlechtem Geruch vorzubeugen und die Entzündungsgefahr zu mindern, die nämlich hoch ist. Alles, was mit Schleimhäuten in Zusammenhang steht, stellt eine größere Gefahr dar als ein Schnitt in den Finger oder eine Schürfwunde.

Ich erinnere mich, dass es, als ich etwa 7 Jahre alt war, äußerst schmerzhaft war, wenn meine Vorhaut unter die Eichel geschoben wurde, um den Schwanz zu reinigen. Eine Teilbeschneidung half mir sehr.

Wer besser riecht, kommt leichter an.

Nach den neuesten Theorien kommuniziert der Mensch nur sehr wenig direkt über das Wort. Wenn sich zwei Menschen zum ersten Mal begegnen, entscheiden sie aus dem GEFÜHL heraus, ob sie einander leiden können oder nicht. Man erinnert sich nur an 5–10 Prozent des Inhalts eines Gesprächs! Das ist schon ein sehr geringer Teil, wenn ich bedenke, wie ich mir teilweise tagelang einen Kopf darum mache, was ich denn sagen soll.

Komplimente und nette Worte kommen auf jeden Fall gut an und bleiben in Erinnerung, weil die Eitelkeit angesprochen wird. Aber was beinhalten die übrigen 90–95 Prozent?

Gestik – die Rede begleitende Ausdrucksbewegung des Körpers, besonders der Hände, Arme und Beine.

Hat der Mensch immer etwas in den Fingern, um ruhiger zu werden? Fuchtelt er wie wild in der Gegend herum, wenn er spricht?

Mimik – Mienenspiel

Was strahlen die Augen aus? Stirnrunzeln? Heruntergezogene Lippen?

Körperhaltung

Stehen beide Füße auf dem Boden (Ausdruck von Sicherheit)? Steht er da gebeugt oder aufrecht? Wir nehmen die kleinsten Regungen zum überwiegenden Teil unbewusst wahr. Der Körper lügt nicht! Nur sehr wenige Menschen haben sich so unter Kontrolle, dass sie nicht durch die Reaktionen ihres Körpers verraten, was sie tatsächlich denken, welche Gefühle in ihnen toben. Zurückhaltung wird im wahrsten Sinne des Wortes körperlich vollzogen, indem der Mensch sitzend den Oberkörper im Stuhl zurücklehnt und zumeist die Arme vor der Brust verschränkt.

Geruch

Der Geruch spielt eine besondere Rolle. Jeder kennt Aussagen wie diese: Ich kann den Kerl nicht riechen! – Wir können uns nicht mehr riechen! – Mir stinkt es gewaltig! – Ich hab die Nase voll! Daraus wird dann schnell ein: Geh mir aus den Augen!

Menschen, die sich riechen können, fühlen sich voneinander angezogen und sind einander sympathisch. Es ist dieser frische Schweiß, der als individuelles Parfüm gilt. Es ist ein Zeichen, ob ihr zueinander passt. Damit dieser Wohlgeruch wahr- genommen werden kann, muss der alte Sabber runter. Alter Schweiß-, Nikotin-, Alkohol- und Mundgeruch sind hinderlich. Vergesst euren Schwanz nicht. Unter der Haut bildet sich Smegma. Es ist ein Talg, der eine Schutzfunktion erfüllt, allerdings auch dazu neigt, Bakterien zu sammeln, die wiederum Entzündungen verursachen (bei dir und ihr), wenn keine Reinigung erfolgt.

In der Achselhöhle werden die Pheromone (Sexual-Lockstoffe) produziert und von dort über auch das Brusthaar verteilt.

Wenn du also ein halbwegs netter Typ bist, dich die Menschen aber trotzdem meiden, dann liegt es womöglich an dem Geruch, der von dir ausgeht. Kleidungswechsel insbesondere Socken, T-Shirts oder Unterhemden und Unterhosen sind nach zwei bis drei Tagen vonnöten, weil der Mensch schwitzt. Nicht dein Umweltbewusstsein bringt dich dazu, immer wieder dieselben Socken und Slips anzuziehen, sondern Gleichgültigkeit, Faulheit und Bequemlichkeit, weil die Sachen so bequem vor dem Bett liegen. Wirf sie doch bitte vor dem Schlafengehen in die Wäschetrommel, damit du am nächsten Morgen gezwungen bist, den Kleiderschrank anzusteuern – Mama ist die Beste!

Wenn du frisch gewaschen auf die Pirsch gehst, dann vermeide den Deoroller, damit die geeignete Partnerin dich instinktiv finden – sprich: riechen – kann. Bei den anderen Gelegenheiten kann ein Deo-Roller nach dem Duschen eine sinnvolle Vorbeugung gegen unerwünschte Gerüche sein.

Mund und Zähne

Die Milchzähne sind endlich alle raus, die bleibenden Zähne sind gerade nachgewachsen, und die dritten Zähne tun das nicht, sondern kommen ausschließlich aus dem Zahnlabor, kosten einen Haufen Kohle und halten so circa 15–20 Jahre, wenn der Zahnarzt korrekt gearbeitet hat. Die Behandlung tut weh, daher heißt es ausdrücklich: Zähne im Prinzip nach jeder Mahlzeit putzen, mindestens aber einmal am Tag!

Mundgeruch stammt meistens aus dem Magen, wenn Zähneputzen nicht reicht.

Nikotin (an die Raucher unter euch)

Rauch mal eine Weile nicht, dann wirst du merken, wie die Raucher um dich herum stinken – nicht nur aus dem Mund, auch ihre Haut, die Klamotten, die Finger stinken.

Das Problem beim Geruch ist, dass du ihn an dir selbst nicht bemerkst. Du riechst es nicht, wenn du für andere stinkst. Und leider ist es so, dass andere dich eher meiden, als dass sie dich darauf aufmerksam machen. Rieche also wenigstens von Zeit zu Zeit an deinen Klamotten, wenn sie nur so rumliegen. Wenn sich deine Nase kräuselt, wäre es längst Zeit gewesen, sie zu waschen.

Unreine Haut

Ich hatte Glück, dass ich mit meiner Akne relativ glimpflich davonkam, da ich nur recht wenige Pickel hatte. Damit solltet ihr euch an eure Eltern wenden. Manchmal könnt ihr sogar von denen etwas lernen. Vernarbte Haut hingegen begleitet euch ein Leben lang und steigert bestimmt nicht euer Selbstbewusstsein. Gesichtswasser wirkt antibakteriell, was besonders bei Entzündungen im Gesicht (Hautpickel, Akne, Ekzeme usw.) für Linderung sorgt. Es besteht aus Alkohol, schwachen Säuren, Duftstoffen, Kräuterextrakten und Wirkstoffen zur individuellen Behandlung der Haut. Lass dich in einer Apotheke beraten, wo man eine Menge über diese Mixturen weiß und sie gezielt für spezielle Ansprüche zusammenstellen kann. Vergiss bei all dem nicht: Ein paar Pickel mögen dich bei deinem eigenen Spiegelbild zwar sehr stören, aber deinen gleichaltrigen Schulkameraden ergeht es ganz ähnlich.

Haare

Sie werden nach 2–3 Tagen fettig, und wenn es so weit ist,

nimm es zum Anlass, dich in Richtung Dusche oder Badewanne zu trollen.

Hände und Füße

Besonders unangenehm ist Handschweiß, aber auch dagegen gibt es eine Erfolg versprechende Behandlung: Mann wäscht sich täglich eine Minute lang die Hände mit ca. 50 Grad heißem Wasser, danach 10 Sekunden lang kalt und reibt sie dann mit Franzbranntwein ein. Gute Handcremes pflegen die Hände. Angebote sind reichlich vorhanden, und die Beratung durch Apotheker, Ärztinnen oder Heilpraktiker empfehlenswert.

Fingernägelkauen ist eine sehr verbreitete Angewohnheit. Wenn Kinder mit Auseinandersetzungen (Eltern, Geschwister, Schule) überfordert sind, kauen sie. Mein Vater wollte aus mir den Fußballer machen, der er nie geworden ist. Da ich als Stürmer nichts taugte, sollte ich zumindest ein knüppelharter Verteidiger werden. Ich kaute Fingernägel und hörte mit 14 Jahren mit dem Fußball auf.

Entweder findet ihr eine Möglichkeit, euren Grund zum Kauen zu erkennen und zu beseitigen oder ihr kauft in der Apotheke eine der Lösungen zum Auftragen auf die Fingernägel, die einen abstoßenden Geruch absondern.

Ich habe mich selten selbst verletzt, blutig gebissen. Die Schmerzen hielten sich in Grenzen. Keine Ahnung, wann und warum ich es gelassen habe. Es passierte einfach so.

Füße und Zehen musst du sorgfältig pflegen. Vor allem beim Schneiden der Zehennägel gilt es, vorsichtig zu sein. Nichts herausreißen, da Nägel dann ins Nagelbett wachsen können, was sehr schmerzhaft ist.

Achte darauf, dass du

- täglich oder alle zwei Tage frische Baumwoll- oder Wollsocken anziehst,
- Schweißfüße und wunde Stellen vermeidest,
- regelmäßig deine Füße inspizierst und pflegst,
- die Zehenzwischenräume trocken hältst, um Fußpilz zu vermeiden.

Schweißfüße gehören täglich in ein Fußbad mit Badezusatz, anschließend pinselst du die Füße mit 25-prozentiger Aluminiumchloridlösung oder anderen die Schweißproduktion hemmenden oder Gerüche mindernden Präparaten ein. Füße und Strümpfe werden mit desinfizierendem Fußpuder nachbehandelt. Juckreiz zwischen den Zehen ist ein Alarmsignal. Täglicher Sockenwechsel ist angebracht.

Präparate gegen Fußpilz gibt es in der Apotheke rezeptfrei und auch auf ärztliche Verschreibung. Die Behandlung muss täglich erfolgen. Fußpilz überträgt man leicht auf andere Familienmitglieder, daher unbedingt ein eigenes Handtuch, eine bestimmte Fußbürste usw. verwenden. Sehr leicht steckt man sich in öffentlichen Bädern an, darum immer die dort angebotenen Desinfektionsmöglichkeiten nutzen!

Ohren
Jeder Mensch hat im Gehörgang Ohrenschmalz, aber ein Zuviel davon kann sich nachteilig auf den Gehörsinn auswirken. Das Ohrenschmalz schützt das Trommelfell vor Erschütterungen. Wird zu viel Ohrenschmalz produziert und kommt Wasser ins Ohr, kann das Ohrenschmalz aufquellen und einen Pfropfen vor dem Trommelfell bilden. Ohrgeräusche, Ohrensausen und schlechtes Hören sind

manchmal auf solche Ablagerungen zurückzuführen, die vom Facharzt für Hals-, Nasen- und Ohrenheilkunde (HNO) entfernt werden können. Natürlich gibt es auch andere Ursachen für Ohrgeräusche, zum Beispiel Durchblutungsstörungen. In der Arztpraxis kann man die genaue Quelle feststellen.

20 Geschlechtskrankheiten

Das sind „sexuell übertragbare Krankheiten (Infektionen)", die überwiegend Geschlechtsorgane befallen. Sie können zu ernsthaften Beschwerden und bis hin zum Tod führen. Du kannst „Träger" einer dieser Krankheiten sein, ohne es zu wissen!

Ich konzentriere mich hier auf die zwei Gruppen: die am weitesten verbreiteten und die gefährlichsten Infektionen. Danach verweise ich noch auf Informationsmöglichkeiten im Internet und auf Andrologen, Gynäkologen und Hautärzte.

Wer häufig seine Sexualpartner oder -partnerinnen wechselt, sollte regelmäßig eine Blutuntersuchung beim Gesundheitsamt durchführen lassen. Kostenlos sind Untersuchungen auf AIDS. Zu anderen Tests frag vorher nach. Nur die Untersuchung und anschließende Behandlung bieten dir eine Garantie, dass die Krankheiten nicht ausbrechen können.

HPV (Humane Papillomviren)

Sie verursachen **Warzen**, die auch zu Krebs im Anogenitalbereich (Bereich Geschlechtsteile und Darmausgang) führen können. Genitale HPV-Infektionen sind die häufigsten sexuell übertragenen Krankheiten überhaupt. Schätzungen haben ergeben, dass die Wahrscheinlichkeit, sich im Laufe des Lebens mindestens einmal mit genitalen HPV zu infizieren, im Bereich von 75–90 Prozent liegt.

Es gibt viele unterschiedliche HPV-Typen, die zum großen Teil absolut harmlos sind, aber auch häufig bei Krebs-Patientinnen gefunden wurden. Die meisten HP-Viren verursachen nur örtlich begrenzte Infektionen und bleiben so klein, dass sie viele Male gar nicht erkannt werden.

Die Typen HPV 6 und HPV 11 sind die Hauptverursacher genitaler Warzen (Feigwarzen). Das typische Erscheinungsbild sind „blumenkohlartige" Warzen am Penis oder Hodensack, im Bereich der Harnröhrenmündung oder in der Vaginal- oder Analregion. Diese sichtbaren Warzen sind hoch ansteckend, was die starke Verbreitung der Viren in der Bevölkerung erklärt.

Die Mehrheit der **Gebärmutterhalskrebserkrankungen** (ca. 70 Prozent) wird durch lediglich zwei HPV-Typen (16, 18) hervorgerufen, wenn eine lang andauernde Infektion mit demselben Hochrisiko-HPV-Typ besteht.

Eine Infektion mit HPV ist in der Regel von vorübergehender Natur und heilt in den meisten Fällen innerhalb von 8–14 Monaten spontan aus. Nur 1–2 Prozent der Bevölkerung leiden unter genitalen Warzen, weil sie schmerzen.

Infektionen mit HPV erfolgen überwiegend durch sexuellen Kontakt. Der einzige Weg, um eine HPV-Infektion vollständig auszuschließen, ist: kein Sex (Abstinenz).

Kondome bieten einen guten Schutz, aber da HPV die Haut (kleine Hautverletzungen) und Schleimhäute befällt, können die Viren auch durch andere Berührungen übertragen werden.

Jährlich erkranken weltweit etwa 30 Millionen Menschen neu an Feigwarzen.

Eine Impfung gegen HPV bleibt wirkungslos, wenn ein positiver DNA-Abstrich der Zervix (Gebärmutterhals) eine bereits bestehende Infektion anzeigt.

Die Gonorrhoe (der „Tripper")

Diese Krankheit wird durch Bakterien verursacht, die sich auf den Schleimhäuten der Geschlechtsorgane, im Mund und Anus vermehren und von dort leicht auf andere Menschen übertragen werden. Verlassen die Bakterien die Schleimhäute, sind sie nur kurz lebensfähig. Daher ist es sehr unwahrscheinlich, sich in WCs, an Türklinken oder Handtüchern anzustecken.

Eine Tripper-Infektion des Penis macht sich nach 2–10 Tagen durch Schmerzen beim Urinieren und gelblichen Ausfluss bemerkbar. Eine Infektion bei einer Frau bemerkt diese häufig gar nicht, weil Brennen und Ausfluss nicht unbedingt auftreten müssen.

Bleibt die Krankheit unbehandelt, können Schmerzen und Ausfluss wieder verschwinden, aber die Krankheit breitet sich dann weiter aus und führt zu Abszessen oder Gelenkentzündungen und kann zur Sterilität führen, besonders bei Frauen.

Eine Diagnose kann nur ein Arzt stellen, der von den befallenen Schleimhäuten Abstriche nimmt.

Syphilis (auch „harter Schanker")

Dies ist die gefährlichste Geschlechtskrankheit überhaupt. Syphilis wird über Bakterien (Spirochäten) übertragen, indem diese durch kleinste Verletzungen der Haut in den Körper eindringen und sich dort vermehren. Da diese Bakterien außerhalb des menschlichen Körpers nur wenige Sekunden überleben können, ist die Ansteckung nur über engen Kontakt möglich.

Es bildet sich ein schmerzloses kleines, hartes Geschwür an der Stelle, an der etwa 10–90 Tage zuvor die Krankheitserreger in den Körper eingedrungen sind –

entweder innerlich in der Vagina oder im Anus oder äußerlich auf der Haut. Dieses Geschwür heilt nach einiger Zeit von selbst ab. Gesund ist der Mensch dann nicht, sondern das zweite Stadium ist eingetreten. Der Erreger ist in die Blutbahn eingedrungen und breitet sich im ganzen Körper aus. Ein nichtjuckender Ausschlag entsteht und möglicherweise auch Haarausfall.

Im dritten Stadium der Krankheit verschwindet der Ausschlag und die Krankheit greift nun verschiedene Organe im Körper an. Dabei wird Gewebe zerstört, und es kann zu schweren Erkrankungen wie Blindheit, Lähmungen und Gehirn- schädigungen kommen, außerdem kann die Krankheit zum Tod führen.

Syphilis kann nur vom Arzt festgestellt werden, meist durch eine Blutuntersuchung.

Gonorrhoe und Syphilis sind bekannte und gefährliche Geschlechtskrankheiten, die durch die Nutzung eines Kondoms und durch Waschen unmittelbar nach dem Sex relativ gut verhütet werden können. RELATIV – es besteht somit keine Sicherheit!

Auch wenn Mann oder Frau sie einmal gehabt hat, kann Mann oder Frau sich wieder anstecken, da keine Antikörper gebildet werden.

Erst mit dem Penicillin bekam man in den 1940er-Jahren ein sicheres Mittel gegen Syphilis und Gonorrhoe in die Hand.

Durch sogenannte Intimduschen, Antibiotika und auch die Pille kann die **Vaginal-Flora** erheblich gestört werden, sodass es zu vermehrten Wachstum eines **Hefepilzes (Candida, Monilia)** kommen kann. Die Symptome sind

Juckreiz, Brennen und weißlicher Ausfluss, und diese können einhergehen mit einer Trockenheit der Vagina.

Bei der Übertragung auf den Mann kommt es zu einer **Infektion an der Spitze des Penis**. Eine Behandlung muss nun bei beiden Sexualpartnern erfolgen, ansonsten steckt der Mann die Frau erneut wieder an. Candidose ist recht verbreitet. Medikamente (Salben) werden lokal angewandt.

Bei Männern führt der Erreger **Trichomonas** selten zu Symptomen (Entzündung der Harnröhre), daher sind Männer häufig Überträger der Krankheit, ohne es zu wissen.

Bei Frauen können die Einzeller (Geißeltierchen) zu Juckreiz oder Brennen beim Urinieren oder zu Ausfluss (weiß-gelblich und übel riechend) führen. Es kann auch zu Rötungen und Schwellungen im Bereich der Scheidenöffnung und Harnröhre kommen. Eine Behandlung muss nun bei beiden Partnern erfolgen, ansonsten droht erneute Ansteckung. **Trichomonaden** sind sehr verbreitet. Medikamente werden lokal angewandt.

Herpes simplex
Herpes wird durch Herpesviren verursacht. Die Symptome des genitalen Herpes simplex sind schmerzhafte kleine Geschwüre auf oder um die Genitalien oder am Anus.

Filzläuse wandern meistens von Schamhaar zu Schamhaar. Da das Schamhaar seit der Generation 1984 plus im Aussterben begriffen ist, verliert die Filzlaus ihr Revier. Nun ja, es kommt ALLES wieder. Vielleicht wird es eine Initiative „Rettet die Filzlaus" geben …

Wer auf Textilhygiene (saubere Wäsche, Bettlaken …) Wert legt, hat mit den Biestern wenig zu tun. Wenn sie aber da sind, fallen sie durch einen **hartnäckigen Juckreiz** im Schambereich auf. Beseitigt werden sie durch äußerlich aufgetragene Mittel aus der Drogerie oder Apotheke.

Krätze (Skabies)
Das sind winzige Milben, die sich in die Haut bohren. Auch gegen sie hilft Hygiene, also Wäsche waschen, sowie Salben und Sprays.

Eine Übersicht über die häufigsten Symptome
Menschen können durchaus sexuell infektiöse Krankheiten haben, ohne dass die Symptome (Krankheitsbild) bemerkt werden – nicht nur HPV, sondern auch Tripper oder Syphilis. Wer sexuell aktiv ist, sollte sich deshalb regelmäßig ärztlich untersuchen lassen.

Folgende Krankheitsbilder können auftreten:
Hauterscheinungen
Juckende Knötchen, die wie Insektenstiche aussehen, aber nicht von selbst abheilen, können durch Skabies (Krätze) verursacht sein. Ein nicht juckender **Ausschlag**, oftmals auf **Handflächen und Fußsohlen**, kann ein Symptom für Syphilis im zweiten Stadium sein.

Kopfhaut
Plötzlicher **büschelweiser Haarausfall**: Syphilis im zweiten Stadium.

Mundschleimhaut und Zunge
Ein harmlos aussehendes „**Bläschen**" kann in Wirklichkeit ein syphilitischer Primäraffekt sein.

Penis

Eine **schmerzlose offene Wunde** kann ein syphilitischer Primäraffekt sein. **Brennen** beim Wasserlassen und **gelblicher Ausfluss** können auf Gonorrhoe hinweisen. Kleine schmerzhafte Bläschen, die nach einiger Zeit wieder verschwinden, später aber erneut auftreten, können Zeichen einer Herpesinfektion sein. Die Bläschen sind hochinfektiös! **Kleine Warzen** können Feigwarzen sein.

Vulva und Vagina

Schmerzlose offene Wunden an den großen oder kleinen Schamlippen können auf Syphilis hinweisen. **Weißlicher Ausfluss** und **Krämpfe im Unterleib** können auf Gonorrhoe hinweisen. Ausfluss geht aber häufiger auf Candidose oder eine Trichomonaden-Infektion zurück. Die Vulva kann ebenfalls Symptome einer Herpesinfektion, von Feigwarzen (HPV) oder Filzläusen aufweisen.

Anus

Kleine **Warzen** können Feigwarzen (HPV) sein. **Blut oder Schleim** im Stuhl, besonders verbunden mit **starkem Juckreiz** am Anus, kann Anzeichen einer analen Gonorrhoe sein. Auch im Analbereich können sich nach Analverkehr syphilitische Primäraffekte (schmerzlose offene Wunden) entwickeln.

Meldepflicht und Anonymität

Dem Arzt ist lediglich vorgeschrieben, jeden Fall von Geschlechtskrankheiten dem Gesundheitsamt zu melden – ohne Nennung von Namen. Kenntnis der Kontaktpersonen ist wichtig, da diese gleichfalls behandelt werden müssen.

Der **Kampf gegen die Geschlechtskrankheiten** kann erfolgreich sein, wenn jeder, der irgendwelche Bläschen oder Geschwüre an den Geschlechtsorganen oder am Anus feststellt, sofort einen Arzt aufsucht. Dies ermöglicht eine genaue Diagnose zu stellen und andere schwerwiegende Krankheiten auszuschließen.

Zusammenfassung:

- **Es gibt sie noch**, und Geschlechtskrankheiten können gefährlich sein.
- Geschlechtskrankheiten können **ohne jedes Krankheitsbild** auftreten.
- Man kann sehr wohl **verschiedene Geschlechtskrankheiten gleichzeitig** haben.
- **Frühzeitige Behandlung** ist am besten.
- Jede Behandlung von Infektionen unterliegt der **ärztlichen Schweigepflicht**.
- Eine Selbstbehandlung hilft nur bei Filzläusen und der Krätze. Ansonsten ist jede Selbstbehandlung zwecklos und gefährlich.
- **Geschlechtskrankheiten kann man immer wieder bekommen – auch immer dieselben!**

21 AIDS

Ende der 1970er-Jahre ist der HI-Virus (HIV) von der Grünen Meerkatze (Affenart) auf den Menschen übertragen worden und entfaltete erst dann seine krankheitserregende Wirkung. (Ja, ich weiß, dass es noch andere Theorien gibt, aber ich belasse es bei der offiziellen Version.)

Über Zentralafrika und Haiti landete der HI-Virus circa 1980 in San Francisco (damals 700.000 Einwohner). 1981 gab es 24 Erkrankungen, und bis Mai 1985 1.100 Fälle, und in dieser Zeit starb die Hälfte der Erkrankten.

Damals begann die AIDS-Forschung, und Jahre später wurde in diesem Zusammenhang festgestellt, dass die Prostata dem Sperma auch weiße Blutkörperchen beimengt. HIV konnte in Blut, Sperma, Speichel, Urin und Kot nachgewiesen werden. Die Übertragung (Infektion) findet meistens statt, wenn infizierte Samen- oder Scheidenflüssigkeit oder Blut wiederum mit Blut der Partnerin oder des Partners in Berührung kommt.

Besonders gefährlich ist der Anal- und Vaginalverkehr ohne Kondom und die gemeinsame Benutzung von Spritzen. Riskant ist außerdem beim Oralverkehr das Schlucken von Samenflüssigkeit. Möglich ist die Ansteckung auch bei der Fellatio (Oralverkehr) oder dem Zungenkuss, wenn zugleich ein Zahnfleischbluten besteht.

Mitte der 1980er begann die Aufklärungswelle in den USA, und die Ansteckungszahlen wuchsen nicht mehr so schnell. AIDS gilt als eine Krankheit, die durch Geschlechtsverkehr übertragen werden kann. Wir haben uns an AIDS gewöhnt – leider!

2004 infizierten sich jeden Tag 11.500 Menschen weltweit.

2008 waren es immer noch 7.400 Menschen, aber in Latein- und Nordamerika stiegen die Zahlen wieder.

Schätzungen des Robert-Koch-Instituts vom November 2010:
In Deutschland gab es seit Beginn der Epidemie etwa 91.000 Infizierte und etwa 29.000 Todesfälle insgesamt. Zurzeit leben 57.000 infizierte Männer, 13.000 Frauen und 200 Kinder. Im Jahr 2010 gab es 550 Todesfälle.
Zahlen für 2010:
– etwa 3.000 Neuinfektionen. Infektionswege: 2.200 über homosexuelle, 580 über heterosexuelle Kontakte und 170 über Drogengebrauch.
(Die oben aufgeführten Zahlen sind rechnerisch nicht logisch; sie basieren auf jeweiligen Hochrechnungen des Jahres.)

Fakten aus dem Jahr 2015:
– Ende 2015 lebten rund 84.700 Menschen in Deutschland mit HIV. Etwa 3.200 Menschen haben sich in Deutschland 2015 neu mit HIV infiziert, die Zahl ist gegenüber den Vorjahren unverändert. Die am stärksten von HIV betroffene Gruppe sind weiterhin Männer, die Sex mit Männern haben (MSM). Von den 3.200 Neuinfektionen im Jahr 2015 erfolgten 2.200 bei MSM, 750 wurden auf heterosexuellem Wege übertragen, 250 bei intravenösem Drogenkonsum. Im Jahr 2015 gab es geschätzte 460 Todesfälle bei HIV-Infizierten.
(Zahlen vom Robert-Koch-Institut – www.rki.de)

Dabei macht es uns das Gesundheitssystem in Deutschland so einfach. Der AIDS-Test ist umsonst, und bereits nach 14 Tagen hat Mann oder Frau Klarheit darüber, ob der HI-Virus in ihnen steckt oder nicht. Der Ausbruch der Krankheit selbst kann erst Jahre später erfolgen.

Solange man unsicher ist, sollte ein Kondom benutzt werden, wenn Sicherheit über die Gesundheit beider Partner besteht, kann – zumindest was die Geschlechtskrankheiten und AIDS angeht, wieder auf das Kondom verzichtet werden. So einfach ist das.

Bundeszentrale für gesundheitliche Aufklärung -
http://www.bzga.de/
Vom Robert-Koch-Institut
http://www.rki.de/DE/Content/Infekt/EpidBull/Merkblaetter
/Ratgeber_HIV_AIDS.html

Deutsche AIDS-Hilfe - http://aidshilfe.de - 0180 33 19411
www.aidshilfe-beratung.de
www.gib-aids-keine-chance.de
www.machsmit.de
oder per Telefon: 01805 – 555 444
Hier wirst du stets auf den neuesten Stand gebracht.

22 A Beratungsstellen für Jugendliche in Österreich

http://www.beratungsstellen.at/contents/5508/sexualberatun

gsstellen

In Sexualberatungsstellen wird auf Fragen eingegangen, die Sexualität im weitesten Sinne betreffen. Die Mitarbeiter sind speziell geschult und beraten sachlich kompetent bei Themen wie:

- Sexualaufklärung

- Sexualerziehung

- Verhütung

- Sexualprobleme

- Geschlechtsidentität

- Probleme in der Partnerschaft

- Kinderwunsch

- Schwangerschaft

- Abtreibung und Alternativen

- sexuelle Belästigung

- sexuelle Gewalt (Gewaltopfer, Gewalttäter) uvm.

Die Gespräche sind anonym und kostenlos und werden vertraulich behandelt.

Alle MitarbeiterInnen unterliegen der Schweigepflicht.

Gleichgeschlechtliche Lebensweisen

http://www.courage-beratung.at

Courage bietet **kostenlos und anonym** Beratung vor allem für Lesben, Schwule, Bisexuelle, TransGenderPersonen und ihren Angehörigen an.

Unsere Schwerpunkte:

- Sexualität und Beziehungen

- gleichgeschlechtliche Lebensweisen

- trans* / Transidentitäten

- inter* / Intergeschlechtlichkeit

- Regenbogenfamilien

- Gewalt und sexuelle Übergriffe

AIDS
Begleitung und Betreuung HIV-Positiver und an AIDS erkrankter Menschen
www.buddy-verein.org

Männerberatung http://www.maenner.at
Beratungsmöglichkeiten in der Männerberatung Wien

23 CH Beratungsstellen für Jugendliche in der Schweiz

https://www.147.ch/Beratung.317.0.html

Vertraulich, kostenlos und rund um die Uhr!

> Wenn du nicht mehr weißt, wie es weitergehen soll,
> wenn es zu Hause Streit gibt,
> wenn du Fragen zu Drogen, Gewalt oder Sexualität hast,
> wenn du Liebeskummer hast,
> wenn du Streit mit deinen Freunden hast,
> wenn dir Lehre, Schule oder Arbeit stinken,
> wenn du nicht mehr leben willst.

Dann sind wir von Pro Juventute Beratung + Hilfe 147 für dich da: telefonisch, per SMS, E-Mail oder Chat. Egal ob du Fragen zu Sexualität, Liebeskummer, Familienprobleme, Schule, Arbeit, Drogen, Sucht oder Gewalt hast oder dich ein anderes Problem beschäftigt – wir nehmen dich und deine Fragen, Sorgen und Ängste ernst.

Unter Frage + Antwort findest du Informationen und Tipps zu Liebe, Freundschaft, Familie, Sexualität, Drogen oder Schulproblemen.

Adressen und Informationen zu spezialisierten Fachstellen findest du in unserer Adressdatenbank „Beratungsstellen".

https://www.sante-sexuelle.ch/beratungsstellen/

Beratungsthemen
- Verhütung / Notfallverhütung
- Schwangerschaft
- HIV/AIDS und STIs
- Partnerschaft
- Sexualität
- weitere

SEXUELLE GESUNDHEIT Schweiz
Marktgasse 36
3011 Bern   Tel: +41 31 311 44 08

SANTE SEXUELLE Suisse
Rue St-Pierre 2
Case postale 1229
1001 Lausanne   Tel: +41 21 661 22 33

SALUTE SESSUALE Svizzera
Via Ospedale 14
600 Locarno   Tel: +41 91 752 01 02

info@sexuelle-gesundheit.ch

http://www.feel-ok.ch
Jugendliche berichten selbst über Beziehung und
    Freundschaft, Sexualität und Gesundheit, Körper und Sex

Schweizer Dachverband der Schwulen
    http://www.pinkcross.ch/

24 D Beratungsstellen für Jugendliche in Deutschland

Sexualität

Pro Familia - Bundesverband

Tel: 069 – 63 90 02

www.profamilia.de

dort unter http://www.profamilia.de/jugendliche.html

Besondere Seite für Jugendliche und Sexualität

Jugend im Schwulenverband

http://www.schwulejugendgruppen.de/

www.loveline.de

Mit **loveline.de** stellt die Bundeszentrale für gesundheitliche Aufklärung das umfangreichste Internetportal mit seriösen und fachlich korrekten Informationen für Jugendliche zu Liebe, Partnerschaft, Sexualität und Verhütung bereit.

Mit Tipps und Informationen, Tests, Spielen und Mitmach-angeboten erweitern Jugendliche ihr Wissen interaktiv.

Allgemeine Anlaufstellen für Kinder und Jugendliche

Beratungstelefon für Kinder und Jugendliche

Tel: 0800 – 111 0 333   und Tel: 116 111

www.teensonphone.de **Jugendliche beraten Jugendliche**

erreichst du unter derselben Rufnummer immer am Samstag von 14:00 bis 21:00 Uhr: 0800 – 111 0 333

Deutscher Kinderschutzbund e.V. – Bundesverband

http://www.dksb.de

Schiffgraben 29

30159 Hannover   Tel: 05 11 – 304 85 – 0
Sexueller Missbrauch
 Kontaktstelle gegen sexuellen Missbrauch an Jungen
Tauwetter – www.tauwetter.de Texte und sehr viele
Kontaktstellen in Deutschland

Zartbitter e.V.   Kontaktstelle gegen sexuellen Missbrauch
an Mädchen und Jungen Tel: 02 21 – 31 20 55
www.zartbitter.de

AIDS-Telefon der Bundeszentrale für gesundheitliche
Aufklärung **www.bzga.de**
Tel: 0221 – 89 20 31   täglich von 10 – 22 h

0800 – 111 0 550 **Elterntelefon**
Beratung und Vermittlung von örtlichen Anlaufstellen bei
Essstörungen
www.hungrig-online.de
www.bulimie-online.de
www.magersucht-online.de
www.essstoerungen.net oder http://www.ab-server.de/

0800 – 111 0 111 und 0800 – 111 0 222
Über www.telefonseelsorge.de gelangen Sie zur
Chat-Beratung.
Die Mail-Beratung erfolgt webbasiert und ausschließlich
unter der Adresse: www.telefonseelsorge.org

https://www.durex.de/de-de/schulpakete
Durex Aufklärung in Schulen
 „[…] Der schulische Aufklärungsunterricht ist auch heute

noch der wichtigste Bestandteil der Sexualerziehung. Hier erhalten viele Jugendliche zum ersten Mal Informationen zum Thema Liebe und Sexualität. Für uns von Durex ist das Thema Liebe und Sex unglaublich spannend und wir möchten unseren Teil zur Sexualerziehung beitragen. […]"
(Informatives für SchülerInnen & LehrerInnen & Eltern)

25 Tipps
Bücher, die jetzt oder später interessant sein können:

Schülerduden Sexualität – Ein Sachlexikon für Schule,
Ausbildung und Beruf
Mit rund 2.000 Stichwörtern und 100 meist farbigen
Abbildungen. Erschienen im Dudenverlag 1997

Fußreflexzonenmassage von Hermann Cropp - Verlag
unbekannt

„Das Nein in der Liebe" Abgrenzung und Hingabe in der
erotischen Beziehung.
von Peter Schellenbaum - erschienen im dtv-Verlag

„Hingabe. Über den Orgasmus des Mannes"
Herausgeber: Tor Norretranders - erschienen im
rororo-Verlag 1986 – wird leider nicht mehr gedruckt.
Exemplare über den Gebrauchtmarkt möglich.
„Es ist nicht leicht, über Orgasmus zu reden. Und
unmöglich, ihn durch Reden zu erreichen. Orgasmen sind
nicht etwas, was man wollen, leisten oder nehmen kann.
Orgasmen sind etwas, was man bekommt. – Die tradierte
Männerrolle lässt wenig Spielraum für Hingabe, Intimität
und Sinnlichkeit – u. a. wesentliche Voraussetzungen für die
Fähigkeit zum Orgasmus."

„Männliche Sexualität" Was nicht alle schon immer über
Männer wussten …
von Bernie Zilbergeld - erschienen im dgvt-Verlag
Zilbergeld ist einer der erfahrensten Therapeuten im
Umgang mit Problemen der männlichen Sexualität. Es steht

viel über uns drin. Die Anregungen und Übungen zeigen dir, wie du zu Hause durch Selbsthilfe weiterkommst.

„Jeder Mann kann" von William Hartman (Autor), Marilyn Fithian (Autorin) Ullstein 978-3548356457
Die Autoren konzentrieren sich darauf, dass Männer multiple Orgasmen bekommen können. Sie schreiben, wie es gehen könnte.

„Make Love" von Ann-Marlene Henning & Tina Bremer-Olszewski (Autorinnen) - Rogner & Bernhard Verlag - 2012 - 22,95 € -
Aufklärungsbuch eher für junge Frauen, denn zum Thema "Orgasmus und Mann" haben die beiden Autorinnen wenig zu berichten. Viele interessante Statistiken.

„Liebe geht durch den Magen" – Führer durch die exotische erotische Küche
erschienen im Paul Neff Verlag

„Isoldens Liebestrank" – Aphrodisiaka in Geschichte und Gegenwart
Von Claudia Müller-Ebeling und Christian Rätsch
Auszug: „Da alle Menschen unterschiedlich auf ein und denselben einwirkenden Faktor reagieren können, ist auch die Wirkung der als Aphrodisiaka bekannten Mittel jeweils verschieden. Einige Mittel verstärken die Gefühle in erotisch vernachlässigten Zonen und machen so eine Lusterweiterung und eine Neuentdeckung erogener Bereiche möglich."
erschienen im Kindler-Verlag München

„Bittere Pillen"
Nutzen und Risiken der Arzneimittel – Ein kritischer Ratgeber
von Langbein, Martin und Weiss, erschienen im Kiepenheuer und Witsch Verlag

„Die Sexualität des Menschen"
Handbuch und Atlas 2., erweiterte Auflage, Walter de Gruyter, Berlin, 1985.
Copyright Erwin J. Haeberle 2003.

Spannende Seiten zur Gesundheit im Internet:

https://www.schlaukopf.de/gymnasium/klasse6/biologie/s exualkunde.htm

http://www.netdoktor.de/
„Auf NetDoktor.de finden Sie täglich neue Nachrichten aus der medizinischen Forschung, Expertenmeinungen und Tipps zum Thema Gesundheit. Von der NetDoktor-Redaktion kompetent, kritisch und unabhängig aufbereitet."
Gutes Informationsportal über Krankheiten, Symptome, Medikamente, Alternativmedizin und Gesundheit und eine Suchmaschine für ÄrztInnen
http://www.netdoktor.de/anatomie/erektion/

Andrologie – Männerkunde
 Es wird noch eine Weile dauern, bis wir als Männer zu einem Andrologen gehen, wenn wir einen sogenannten Männerarzt aufsuchen müssen. Noch sind es die Urologen,

auf die wir verwiesen werden. Wikipedia weiß es schon: „Andrologie ist ein Spezialgebiet der Medizin, das sich mit den Fortpflanzungsfunktionen des Mannes und deren Störungen befasst. Somit ist die Andrologie die männliche Entsprechung der Gynäkologie."

http://www.andrologie.at/ (Arbeitskreis in Österreich)

http://www.andrologie.ch/ (Arzt in Zürich)
http://www.dg-andrologie.de/ (Verein in Deutschland)

http://www.medizinfo.de/urologie/
„Jeder Hippie muss mal Pippi. Was aber ist, wenn er nicht kann? Oder es tut weh. Oder er muss andauernd. Dann muss der Urologe ran. Der ist Spezialist, wenn es um die Diagnostik und Therapie von Erkrankungen der Nieren und ableitenden Harnwege geht. Und er behandelt nicht nur Hippies, sondern Männer, Frauen und Kinder. Harnwegsentzündungen und Steinleiden sind heute so häufig, dass manch einer sogar von einer Volkskrankheit spricht. Auch die ,Männerkrankheiten' z. B. Erkrankungen der Prostata, Hodenentzündungen oder Erektionsstörungen gehören in die urologische Praxis."

26 Internationale Abkürzungen um das Thema Sex

a2m oder ATM – **A**ss **to M**outh oder **A**nal **to M**outh = Anus zu Mund

AC/DC
 Abkürzungen für Gleich- (DC) und Wechselstrom (AC), bedeutet wie *BI* <u>auch</u> *bisexuell* (ambivalent = mehrdeutig, zweideutig), also eigentlich ambisexuell, jedoch ist das „am" weggefallen.

Bisexualität bezeichnet die sexuelle Hingezogenheit zu Mann und Frau.

a/p
 aktiv/passiv, wobei A/p für aktiv steht und a/P für passiv, wird häufig im Zusammenhang mit männlichem <u>*Analverkehr*</u> verwendet. Der Aktive dringt mit seinem Penis ein, und der Passive empfängt.

AV – *Analverkehr*

B&D – **B**ondage **& D**iscipline = fesseln und disziplinieren

BDSM
 Bondage and **D**iscipline, **D**ominance and **S**ubmission, **S**adism and **M**asochism, verkürzt zu *BDSM*, beinhaltet eine bestimmte Verteilung der Macht- und Rollenverhältnisse beider Sexualpartner/-innen: fesseln und disziplinieren, Dominanz und Unterwerfung, Sadismus und Masochismus. In der <u>*BDSM*</u>-Szene gibt es klare Absprachen von Tabus und

Grenzen. Leider passieren dennoch Übergriffe, also Vorsicht, worauf ihr euch da mit wem einlasst.

BI – bisexuell, Bisexualität, wie *AC/DC*

BV – Brustverkehr, auch *Spanisch* genannt, wie *TF*
Stimulation des Penis durch Reibung zwischen den weiblichen Brüsten. Die Größe der weiblichen Brust ist hier sicherlich von entscheidender Bedeutung. Und Schmieröl (Vaseline oder Olivenöl) sollte auch nicht fehlen.

BW – Brustwarzenspiele
Damit ist das Reizen, Reiben, Drehen, Lecken der Brustwarzen gemeint, sanft oder hart, je nach Wunsch. Manche Frauen und Männer stehen auf Gewichte, Piercing …

BW-Piercing – Brustwarzenpiercing

CNFM – Clothed Female Naked Male = bekleidete Frau, nackter Mann

DD – Dildo

Dev – devot, unterwürfig
Dom – dominant, beherrschend
D/s – Dominance und Submission = Herrschaft und Unterwerfung

DWT – Damenwäscheträger

FF – Fisting – ganze Hand wird vaginal eingeführt (engl. „fist" = Faust)

FFM – Sex mit 2 Frauen und 1 Mann

FS – Face Sitting (auf dem Gesicht sitzen) = *OV*

GS – Gruppensex (Sex mit vielen Männern und Frauen)

GV – Geschlechtsverkehr

Het – heterosexuell = sexuelle Ausrichtung von Mann zu Frau

HV – Handverkehr (Selbstbefriedigung)

IS – Intimschmuck, *Piercing* im Intimbereich und an den Brustwarzen

KV – Kaviar (Spiel mit Scheiße, um Lust zu steigern)

MILF – „**M**om/**M**other **I**'d **L**ike to **F**uck" = „möchte mit reifer Frau ficken"

MMF – Sex mit 2 Männern und 1 Frau

69 – Variante des *OV*
 wechselseitige, gleichzeitige Stimulierung von Penis und Vagina durch die Lippen oder Zunge des Partners. Schaut Euch die Zahl näher an, dann versteht ihr.

NS – Natursekt, Urin (vom Anpissen bis zum Urintrinken)

O – unterwürfige Frau
 Stammt von „Die Geschichte der O", einem
sado-masochistischen Roman von 1954
OV – Oralverkehr

OW – Oberweite = Brustumfang der Frau.

PT – Partnertausch

RRR – rein, raus, runter = schneller Sex (*Quicky*)

RS – Rollenspiele (Schulmädchen, Krankenschwester, Arzt,
Vergewaltigung, Geburtsstuhl)

Safe/Safer Sex – geschützter Geschlechtsverkehr (mit
Kondom)

Serbisch – inszenierte „gespielte Vergewaltigung"

SM – Sadomaso (Sadomasochismus,
Sadismus/Masochismus)

SS – Sperma schlucken

SSC – Safe, sane and consensual = sicher, vernünftig und
im Einverständnis
In der *BDSM*-Szene gibt es im Prinzip klare Absprachen
von Tabus und Grenzen, aber Spielverderber gibt es überall.

SW – Sandwich (1 Frau zwischen 2 Männern, wie *MFM*)

TF – Tittenfick wie *BV*, derb für *Spanisch* (Penis zwischen den geölten Brüsten)

Toil.Sex – Toiletten-Sex: Sammelbezeichnung für *KV* und *NS*

TS – transsexuell, Transsexualität

TV – Transvestit

WS – Wassersport oder Watersport, auch Golden Shower, wie <u>*NS*</u>, alles Urin-Spiele

WS bedeutet das Einbeziehen von Urin ins Liebesspiel und wird auch als <u>Urophilie</u> bezeichnet.

Diese Liste erhebt absichtlich keinen Anspruch auf Vollständigkeit.

27 Schlusswort

Wenn ich nur einem Mann mit diesem Buch geholfen habe, hat sich die Arbeit gelohnt.

Glück auf

Roberto Tempesta aus dem Ruhrgebiet